Tobias Gärtner

Verarbeitung von Variablen und konditionalem Text durch Topic-basierte Datenquellen mit DITA

IGEL Verlag

Gärtner, Tobias

Verarbeitung von Variablen und konditionalem Text durch Topic-basierte Datenquellen mit DITA

1. Auflage 2009 | ISBN: 978-3-86815-235-7

© IGEL Verlag GmbH , 2009. Alle Rechte vorbehalten.

Die Deutsche Bibliothek verzeichnet diesen Titel in der Deutschen Nationalbibliografie.
Bibliografische Daten sind unter http://dnb.ddb.de verfügbar.

IGEL Verlag

Inhaltsverzeichnis

I

1. Einleitung

In der hier vorliegenden Studie geht es darum, die Verwendung und die Auflösung von Variablen und Attributen im CMS „TOM", das von der Qimonda AG eigenentwickelt wurde, zu implementieren.

Hierzu müssen jedem aggregierten Dokument ein expliziter Datensatz von Variablen und eine explizite Anweisung zum Auflösen von Attributen zugewiesen werden.

Im Rahmen der Studie sollen diese Datenquellen durch folgende Methode in das CMS eingebracht werden:

Verwendung von generischen DITA-Topics als Datenquelle

Es wird ein Konzept erarbeitet, wie Topics als Datenquelle in ein CMS eingebracht werden können und wie diese Topics strukturiert sein müssen.

Neben der geeigneten Datenquelle ist die Verarbeitung der Datenquellen durch das CMS wichtig.

Folgende Verarbeitungsmöglichkeit soll als Ausgangspunkt dienen:

Der Aggregation nachgelagertes XSLT-Skript zum Auflösen von Variablen und Attributen

Es wird deshalb im Rahmen dieser Studie untersucht werden, wie diese Möglichkeit praktikabel mit dem CMS „TOM" umgesetzt werden kann.

Am Schluss steht ein Beispieldokument.

1.1. Wichtige Begriffe

Boolesche Logik, boolescher Operator

Qimonda verwendet boolesche Verknüpfungen für konditionalen Text. Dies wurde auch in der DITA-Umsetzung beibehalten und ist ein triftiger Grund für die Verwendung von XSLT-Skripten.

CMS „TOM"

Das von der Qimonda AG eigenentwickelte CMS „TechDoc on Microsoft Share Point" Die Zielsetzung der Studie sieht eine Umsetzung in diesem CMS vor.

Daten-Topic

Topic, dass alle benötigten Daten zum Auflösen von Variablen und konditionalem Text enthält.

Family Data Sheet

Datenblatt, dass alle Varianten einer Produktgruppe in sich trägt und noch nicht für ein explizites Produkt konkretisiert wurde.

Filter für Tabellenspalten

Besondere Art der Kondition, mit der ganze Tabellenspalten ausgezeichnet und gefiltert werden können.

FM2DITA-Skript

XSLT-Skript, welches Dateien der Qimonda FrameMaker-DTD in eine DITA-DTD umwandelt. Wird zur Migration und zur Publikation verwendet.

FrameMaker-Anwendung

Das DTP-Programm „FrameMaker 8.0".

FrameMaker-Server

Server, der automatisch Dateien in der Qimonda FrameMaker-DTD publiziert:Das Template wird zugeordnet, es werden Verzeichnisse erstellt und ein PDF ausgegeben.

Qimonda FrameMaker-DTD

Eigenentwickelte DTD der Qimonda AG zur Arbeit im strukturierten FrameMaker.

Quell-Topic

DITA-Topic, welches ähnlich einem Family Data Sheet alle Variationen einer Produktfamilie enthält.

Ultra Edit

Professionelles Programm zum Bearbeiten von Datei-Inhalten

Variantensammlung

Konzept zum Umgang mit Produktvarianten, welches in der Arbeit mit FrameMaker von der Qimonda AG genutzt wird.

2. Ausgangssituation mit FrameMaker

Die gründliche Analyse und Vorarbeit während der Diplomarbeit [vgl. Gärtner (2008)] hat gezeigt, dass die bisherige Arbeitsweise mit Frame-Maker der Abteilung TechDoc bereits weit fortgeschritten ist.

Ziel dieser Studie ist die Weiterentwicklung dieses Konzepts, durch die Verwendung von DITA-Topics.

Dies bedeutet, dass die bisherige Komplexität beibehalten wird, jedoch anstatt der DTD für FrameMaker die DITA 1.1 DTD verwendet wird.

Die vorangegangene Diplomarbeit hat das Konzept der Modularisierung zu Topics bereits ausführlich behandelt.

Um den Umfang der bisherigen Arbeit mit FrameMaker zu erfassen und damit die Umsetzung mit DITA zu verstehen, wird im folgenden Kapitel zunächst die aktuelle Arbeitsweise mit FrameMaker genauer beleuchtet.

2.1. Datenblatt-Vorlagen für Produktfamilien

Die Abteilung TechDoc der Qimonda AG erstellt vorwiegend Datenblätter für Halbleiterspeicher.

Die vorliegende Studie beschränkt sich deshalb auf die Datenblätter und klammert andere Dokumente aus.

Die Datenblätter liegen in FrameMaker bereits als so genannte „Family Data Sheets" (FDS) vor.

Für jede Produktfamilie existiert ein solches Datenblatt. Die Besonderheit liegt darin, dass alle erdenklichen Produktvarianten einer Produktfamilie als Variantensammlung bereits in den „Family Data Sheet" enthalten sind.

Im Rahmen der Diplomarbeit [vgl. Gärtner (2008)] wurde dieses Konzept aufgegriffen und für die DITA-DTD umgesetzt.

In der aktuellen Arbeitsweise mit FrameMaker wird eine Vielzahl von Daten benötigt, um aus der Variantensammlung eines „Family Data Sheets" ein Dokument zu erzeugen, welches für ein bestimmtes Produkt gültig ist.

Im Rahmen der Diplomarbeit konnte bisher kein Konzept erarbeitet werden, um diesen Prozess mit DITA-Quellen im neu eingeführten CMS „TOM" zu verwirklichen.

Diese vorliegende Studie bietet eine Lösung, das Auflösen und Verarbeiten der Variantensammlungen mit DITA-Mitteln zu erreichen.

2.2. Variablen und Konditionen mit FrameMaker

Die bisherige Arbeitsweise mit FrameMaker verwendet in den „Family Data Sheets„ Variablen für Texte sowie für ganze Inhalts-Blöcke und Kapitel.

Außerdem werden Inhaltselemente durch spezielle Konditionen gekennzeichnet, sowie Tabellenspalten zwecks Filterung nach einem fest definierten Konzept benannt.

Diese komplexen Möglichkeiten der Variantensammlung werden im folgenden Kapitel genauer beschrieben, um die spätere Umsetzung in einem CMS und mit der DITA-DTD zu begründen.

2.2.1. Variablen

Aktuell werden bei der Dokumentation mit FrameMaker Variablen benutzt, um mehrere Produkt-Variationen in einem Quelldokument zu pflegen.

Diese Variablen dienen unterschiedlichen Zwecken:

Variablen für einwertige Begriffe.

Beispiel: Begriff Dokumenttyp auf dem Deckblatt.

Platzhalter für mehrteilige Aufzählungen, komplette Tabellen oder Kapitel.
Beispiel: Tabelle für Bestellinformationen.

Variablen werden in der XML-Struktur der FrameMaker Anwendung in festgelegter Weise ausgezeichnet.

Folgender Quellcode zeigt ein Beispiel der Auszeichnung von Variablen nach der Qimonda FrameMaker-DTD

```
<Item>
<UserVariable Name = "_Mod_Organisation">&_Mod_Organisation;
</UserVariable>module organization, and <UserVariable Name =
"_Chip_Organisation">&_Chip_Organisation;</UserVariable> chip
organization.
</Item>
```

Im Programm FrameMaker wird die Variable in der strukturierten Ansicht angezeigt.

Abbildung 1 zeigt diese Ansicht:

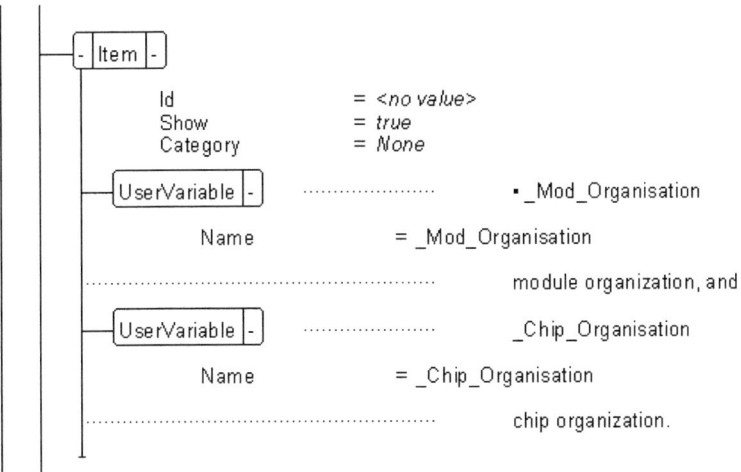

Abbildung 1: Anischt von Variablen im strukturiertem FrameMaker

2.2.2. Konditionale Texte

Eine weitere aktuell genutzte Möglichkeit, um Varianten in einem Quelldokument zu pflegen, ist die Verwendung von konditionalem Text innerhalb von FrameMaker.

Hierzu wird Textelementen eine Gültigkeit zugeordnet, die in der FrameMaker-Anwendung „Condition" genannt wird.

Eine Besonderheit der aktuellen Arbeit mit FrameMaker ist die Verwendung von booleschen Operatoren.

Folgende Abbildung zeige eine Auflistung der moglichen booleschen Operatoren
[vgl. Microsoft (2008)].

Zurzeit werden allein die Verknüpfungs-Operatoren verwendet, die allerdings eine recht hohe Komplexität des konditionalen Textes ermöglichen:

Beispiele für logische Operatoren [Bearbeiten]

	Operator	Mathematik	Fortran	Delphi, Pascal	Visual Basic	C, C++, C#, Java, PHP	Perl	Batch
Vergleiche	größer	>	.GT.	>	>	>	>, gt	GTR
	kleiner	<	.LT.	<	<	<	<, lt	LSS
	größer oder gleich	≥	.GE.	>=	>=	>=	>=, ge	GEQ
	kleiner oder gleich	≤	.LE.	<=	<=	<=	<=, le	LEQ
	gleich	=	.EQ.	=	=	==	==, eq	EQU, ==
	ungleich	≠	.NE.	<>	<>	!=	!=, ne	NEQ
Verknüpfungen	Und (Konjunktion)	∧	.AND.	AND	And, AndAlso*	&, &&	&&, &, and	n.a.
	Oder (Disjunktion)	∨	.OR.	OR	Or, OrElse*	|, ||	||, |, ^, or	n.a.
	Nicht (Negation)	¬	.NOT.	NOT	Not	!	!, ~, not	NOT

Abbildung 2: Logische Operatoren

Der konditionale Text wird nach boolescher Logik in der FrameMaker XML-Struktur auf festgelegte Weise ausgezeichnet. Folgender Quelltext zeigt ein Beispiel:

```
<Conditional Show = "UDIMM or EDIMM">Unbuffered</Conditional>
<Conditional Show = "RDIMM or PDIMM">Registered</Conditional>
<Conditional Show = "SO-DIMM">Small-Outline</Conditional>
```

Konditionale Texte sind in der unstrukturierten Ansicht der FrameMaker-Anwendung sichtbar. Die Werte der Konditionen können allerdings nur in der strukturieren Ansicht angezeigt und bearbeitet werden.

Abbildung 3 zeigt diese Ansicht:

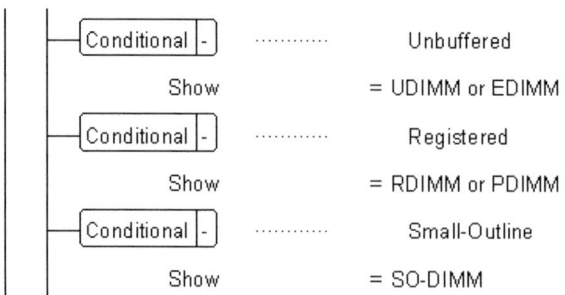

Abbildung 3: Konditionaler Text in FrameMaker

2.2.3. Filter für Tabellenspalten

Das Prinzip mehrere Variationen im Quelldokument zu pflegen, wird aktuell auch für Tabellen verwendet.

Hierzu werden Filter für Tabellenspalten verwendet.

Ähnlich wie konditionale Texte werden ganze Spalten einer Tabelle mit Werten für Gültigkeiten belegt und je nach Zieldokument ausgeblendet.

Folgender Quelltext zeigt ein Beispiel:

```
<Table NewPage = "No" InColumn = "No" Title = "Short">
<WaveAnchor/><Title Id = "CIHHCFHF">Performance Table</Title>
<S_Table Type = "Normal" Source = "Initial" cols = "13" […]>
<S_Head>
<S_HRow Show = "admin" rowsep = "1">
<S_HCell […]><S_HCellBody>Column
Filter</S_HCellBody></S_HCell>
<S_HCell colname =
"4"><S_HCellBody>19F</S_HCellBody></S_HCell>
<S_HCell colname =
"5"><S_HCellBody>1.9</S_HCellBody></S_HCell>
<S_HCell colname =
"6"><S_HCellBody>25F</S_HCellBody></S_HCell>
[…]
```

Der Quelltext zeigt eine einfache Tabelle, deren erste Reihe (row) nicht ausgegeben wird (Show="admin"), die aber für die Verarbeitung mit XSL-T wichtig zum Aus- bzw. Einblenden der gesamten Spalte wichtig ist.

Folgende Abbildung zeigt eine komplette formatierte Tabelle in einer PDF-Datei.

Falls bei der Definition der konditionalen Text-Werte „3.7" und „5" ausgelassen werden, würden diese, als rot markierten Bereiche, im endgültigen Dokument ausgeblendet werden:

Performance Table

Column Filter		19F	1.9	25F	2.5	3	3S	3.7	5		
QAG Speed Code		-19F	-1.9	-25F	-2.5	-3	-3S	-3.7	-5	Unit	Note
DRAM Speed Grade	DDR2	-1066E	-1066F	-800D	-800E	-667C	-667D	-533C	-400B		
DRAM Speed Grade	DDR2	-1066E	-1066F	-800D	-800E	-667C	-667D	-533C	-400B		
Module Speed Grade	PC2	-8500E	-8500F	- 6400D	- 6400E	- 5300C	- 5300D	- 4200C	- 3200B		
CAS-RCD-RP latencies		6-6-6	7-7-7	5-5-5	6-6-6	4-4-4	5-5-5	4-4-4	3-3-3	t_{CK}	
Max. Clock Frequency	CL3 f_{CK3}	-	-	200	200	200	200	200	200	MHz	
	CL4 f_{CK4}	333	266	266	266	333	266	266	200	MHz	
	CL5 f_{CK5}	400	333	400	333	333	333	266	-	MHz	
	CL6 f_{CK6}	533	400	-	400	-	-	-	-	MHz	
	CL7 f_{CK7}	533	533	-	-	-	-	-	-	MHz	
Min. RAS-CAS-Delay	t_{RCD}	11.25	13.125	12.5	15	12	15	15	15	ns	
Min. Row Precharge Time	t_{RP}	11.25	13.125	12.5	15	12	15	15	15	ns	
Min. Row Active Time	t_{RAS}	45	45	45	45	45	45	45	40	ns	
Min. Row Active Time	t_{RAS}	45	45	45	45	45	45	45	40	ns	1)
Min. Row Active Time	t_{RAS}	40	40	40	40	40	40	40	40	ns	2)
Min. Row Cycle Time	t_{RC}	56.25	58.125	57.5	60	57	60	60	55	ns	
Min. Row Cycle Time	t_{RC}	56.25	58.125	57.5	60	57	60	60	55	ns	1)
Min. Row Cycle Time	t_{RC}	51.25	53.125	52.5	55	52	55	55	55	ns	2)
Precharge-All (4 banks) command period	t_{PREA}	11.25	13.125	12.5	15	12	15	15	15	ns	
Precharge-All (8 banks) command period	t_{PREA}	13.125	15	15	17.5	15	18	18.75	20	ns	3)4)

Abbildung 4: Beispiel eines Filters für Tabellenspalten

2.3. Dokumentproduktion und –Publikation mit FrameMaker

In den vorherigen Kapiteln wurde dargestellt, wie verschiedene Produkt-Varianten in FrameMaker gepflegt und umgesetzt werden.

Dieses Kapitel beschreibt, wie daraus ein explizites Dokument für ein bestimmtes Produkt erzeugt wird, indem Variablen und Konditionen aufgelöst werden und das Dokument publiziert wird.

Folgende Abbildung zeigt den visualisierten Vorgang von der Textproduktion bis zum fertigen Dokument:

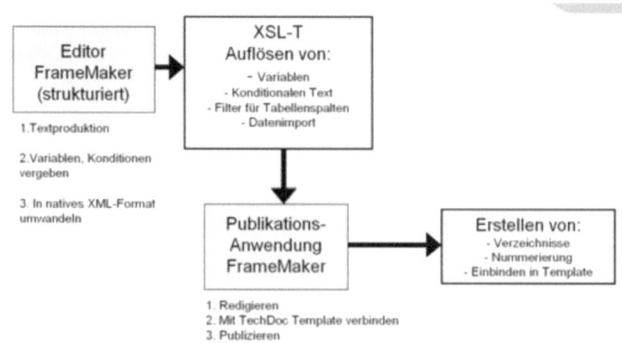

Abbildung 5: Aktueller Arbeitsweise mit FrameMaker

9

2.3.1. Dokumentaggregation

Inhalte mit Variablen und konditionalem Text werden mit FrameMaker erzeugt. Jedes Kapitel eines Datenblatts ist eine eigene Datei, die zu einem Dokument über die FrameMaker Buchfunktion zusammenfasst ist.

Da es verschiedene Produktfamilien gibt, die sich teilweise erheblich unterscheiden, gibt es folgende FrameMaker-Bücher, die „Family-Data-Sheets" (FDS) genannt werden:

- DDR2 Unbuffered.
- DDR2 Fully-Buffered.
- DDR3.
- Components.
- LDIMM.

Alle möglichen Produktvariationen dieser Produktfamilien sind innerhalb der jeweiligen FrameMaker-Dateien enthalten.

Zur Produktion eines Datenblatts für ein bestimmtes Produkt, muss diese Produktvielfalt innerhalb der Dokumente für ein explizites Produkt konkretisiert werden.

Um dies zu erreichen, werden Datenwerte benötigt, damit die Variablen und Konditionen aufgelöst werden können. Im folgenden Kapitel wird beschrieben, wie dies mit FrameMaker umgesetzt wird.

2.3.2. Variablen und Konditionen im FrameMaker auflösen

FrameMaker bietet eine Funktion, mit der ein Datensatz von Variablen und Konditionen importiert werden kann. Die folgende Abbildung zeigt den manuellen Weg, solche Datensätze in ein Dokument zu importieren [vgl. auch: Loring (2002)]:

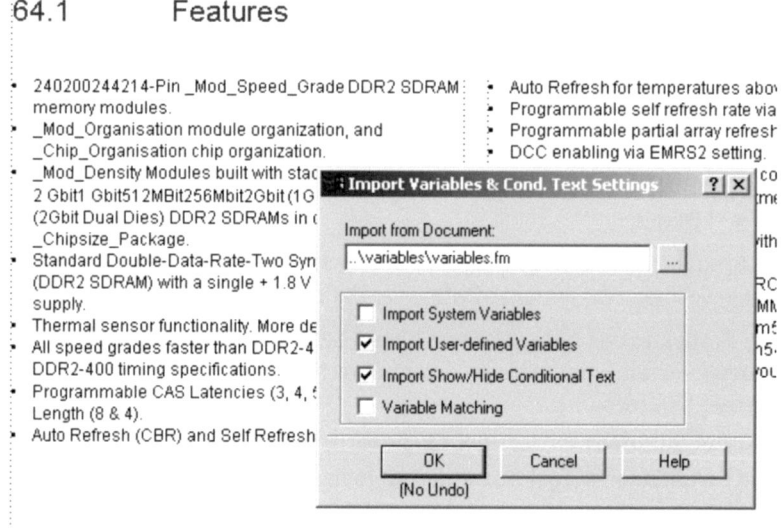

Abbildung 6: Importieren von Datensätzen in FramMaker

Diese Möglichkeit ist für einfache Variablen und konditionale Werte akzeptabel.

Da XSLT-spezifische Variablen aber jedes Mal neu erzeugt werden müssen und die Konditionen einer booleschen Logik folgen, werden XSLT-Skripte verwendet, die diese Aufgaben übernehmen.

Im folgenden Kapitel wird beschrieben, wie dies in der FrameMaker-Anwendung umgesetzt wurde.

2.3.3. XSL-T Anwendung mit FrameMaker

Alle benötigten XSLT-Skripte sind in die FrameMaker Anwendung eingebunden.

Die XSLT-Skripte befinden sich in einem speziellen FrameMaker-Arbeitsverzeichnis, das zusätzlich zum Programm installiert werden kann.

In der FrameMaker Anwendung werden dadurch Plug-ins aktiviert, die direkt einen Menüeintrag erzeugen oder, wie auf der unteren Abbildung zu sehen, einen Dialog in FrameMaker öffnen.

Im abgebildeten Dialog kann jedes vorhandene XSLT-Skript aktiviert und auf das geöffnete Dokument bzw. Buch angewendet werden:

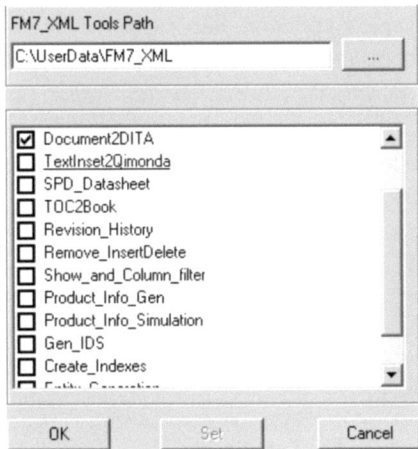

Abbildung 7: FramMaker XSL-T Dialog

Auf diese Weise werden alle zusätzlichen Funktionen, wie das Auflösen von konditionalen Texten und Filtern ausgeführt.

2.3.4. Publikation mit FrameMaker

- Nachdem die XSLT-gestützte FrameMaker-Automatisierung ausgeführt wurde, sind alle Variablen erzeugt und im Text etabliert.

- Die boolesche Logik der konditionalen Inhalte wurde aufgelöst und alle nicht benötigten Inhalte ausgeblendet.

- Das jeweilige Template wurde auf das Dokument angewendet und die Inhalte formatiert, sowie mit einem Deckblatt und Verzeichnissen versehen.

- Das Dokument wird nun geprüft und falls nötig angepasst und geändert.

- Das fertig redigierte Dokument wird dann über die Druck-Funktion von FrameMaker als PDF ausgegeben.

- Zum Abschluss werden im PDF-Dokument noch beschreibende Metadaten und falls nötig, ein Dokumentschutz oder ein Wasserzeichen hinzugefügt.

2.4. Vorliegende Datensätze für die Dokumentproduktion

Die im oberen Kapitel beschriebenen Möglichkeiten mehrere Produktvarianten in einem Topic zu pflegen, benötigen für die Konkretisierung auf ein Produkt eine Reihe von externen Daten um die Varianten aufzulösen.

In der aktuellen Arbeitsweise mit FrameMaker werden dazu verschiedene Dateien verwendet, welche die entsprechenden Datensätze enthalten. Die folgende Tabelle nennt alle Quellen, aus denen Daten für die XSLT-Verarbeitung bereitgestellt werden:

Datenquelle	Verwendungszweck
variable.fm	Definition von einfachen Benutzervariablen.
variable.xml	Definition von Konditionaler Text und XSL-T spezifischen Variablen.
products.xml	Enthält die Bezeichnungen aller Produkte, für die das Datenblatt gültig ist. Die Produktnamen werden für das Erzeugen der Bestellinformationen und der SPD-Codes benötigt.
Label.xml	XML-Export der Produktdatenbank.
Bisher keine Datenquelle	Dokumenteigenschaften der PDF-Publikation.
Spdx.xml, memory.xml, etc.	Weitere Datensätze zum Erzeugen von Variablen.

Abbildung 8: Datenquellen für die Arbeitsweise mit FrameMaker

In den folgenden Abschnitten werden die unterschiedlichen Verwendungszwecke der Daten und deren Bedeutung beschrieben.

2.4.1. Einfache Benutzervariablen

Einfache Benutzervariablen liegen für die Verarbeitung von FrameMaker-Dateien in der Datei „variable.fm" vor.

Einfache Benutzervariablen werden zum einem direkt im Text aber vor allem auch für das umschließende FrameMaker-Template verwendet.

Folgende Abbildung zeigt das Deckblatt des Templates mit nicht aufgelösten Benutzervariablen:

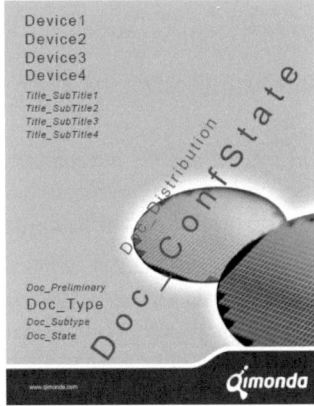

Abbildung 9: Deckblatt mit nicht aufgelösten Benutzer-Variablen

2.4.2. XSLT-spezifische Variablen

XSLT-spezifische Variablen liegen in der Datei „variable.xml" vor. Auch diese Daten liegen in einer Tabelle vor.

XSLT-spezifische Variablen werden nur innerhalb des Textes verwendet und sind Platzhalten für mehrteilige Werte oder sogar komplette Tabellen, die durch ein XSLT-Skript erzeugt werden.

Folgende Tabelle zeigt alle diese Variablen und deren Verwendungszweck:

Variable	Verwendungszweck
_ComponentonModule_Table	Platzhalter für eine erzeugte Tabelle.
_Ord_Info_Table	Platzhalter für eine erzeugte Tabelle.
_Address_Format_table	Platzhalter für eine erzeugte Tabelle.
_Mod_Comp_Map_Table	Platzhalter für eine erzeugte Tabelle.
_Chip_Organisation	Mehrteiliger Wert.
_Mod_Density	Mehrteiliger Wert.
_Raw_Card	Mehrteiliger Wert.

Tabelle 1: Verwendete XSLT spezifische Variablen

Das Erzeugen der verschiedenen Werte basiert aus der logischen Verbindung von Produkt-Informationen sowie der Qimonda Produktdatenbank „ProSa".

2.4.3. Datensätze zum Auflösen von konditionalem Text

Die aktuell durch die Abteilung TechDoc erstellten Dokumente enthalten konditionale Inhalte.

Um diese für ein bestimmtes Produkt aufzulösen, wird für jede Dokumentproduktion eine Sammlung von Werten benötigt die definieren, welche konditionalen Inhalte im Dokument ausgegeben werden.

Diese benötigten Daten liegen in der Datei „variable.xml" vor und haben eine Tabellenstruktur. Diese Tabellen bestehen aus den Namen des konditionalen Werts und den eigentlichen Wert. Beträgt der Wert die Zahl „1", trifft die Kondition zu, ist kein Wert enthalten, so trifft diese nicht zu.

Die folgende Abbildung zeigt einen mit FrameMaker formatierten Auszug der Datei „variable.xml":

TABLE 1 — General

Name	Value	Comment
true	1	
module	1	
component		
TS		
W/OS		
Tall		
VLP		
single-die	1	
dual-die		
admin		
comment		
confidential		
external		
internal		

TABLE 2 — Types

Name	Value	Comment
DDR2	1	

TABLE 3 — Generations

Name	Value	Comment
4G		
2G		
1G	1	
512M		
256M		
128M		

TABLE 4 — DDR2-Technology

Name	Value	Comment
T58		
T70		
T70N	1	
T80		
T90		
T11		

TABLE 5 — Buffer

Name	Value	Comment
reg		
ubu	1	
fbd		

TABLE 6 — DIMMS

Name	Value	Comment
UDIMM	1	
EDIMM	1	
MDIMM		
SO-DIMM		
RDIMM		
PDIMM		
NDIMM		
FB-DIMM		

Abbildung 10: Datensatz zum Auflösen von konditionalen Text

15

Die Datei „variable.xml" enthält eine Vielzahl von Tabellen und gibt somit die Möglichkeit viele Produkteigenschaften und allgemeine Werte zu beschreiben.

Die folgende Übersicht enthält eine Auflistung aller Tabellen und deren Bedeutung für die Dokumentproduktion [vgl. Infineon (2008)]:

Kategorie	Bedeutung
General	Definition von allgemeinen Produkt- und Dokumenteigenschaften.
Types	Definition der Produktfamilie.
Generation	Definition der Produktgeneration.
Technology	Definition des Miniaturisierungsgrads.
Buffer	Definition des Buffer-Types.
DIMMS	Definition des DIMM-Typs.
Speeds	Definition der Geschwindigkeit.
JEDEC Speeds	Definition der Geschwindigkeit nach JEDEC.
Component-Organisation	Definition der Komponenten-Bauform.
Module-Organisation	Definition der Modul-Bauform.
Package Balls	Definition der Pins für Komponenten.
Memory Ranks	Definition des Aufbaus von Modulen aus Komponenten.
PCBS	Definition der verwendeten Platine für Module.

Tabelle 2: Produkteigenschaften von Halbleiterspeichern

2.4.4. Bezeichnungen der dokumentierten Produkte

Für die automatische Erzeugung von mehrteiligen Werten und auch ganzen Tabellen durch das XSLT-Skript wird als Datenquelle die Auflistung aller für das Dokument gültigen Produkte benötigt.

Die Produkte können eindeutig über den Produktnamen („Ppos") identifiziert werden.

Um ein Datenblatt zu erzeugen, wird deshalb die Datei „products.xml" benötigt, in der alle für das Dokument gültigen Produkte aufgezählt sind.

Folgende Abbildung zeigt einen formatierten Ausschnitt dieser Datei:

TABLE 1
HYS64T128000EU-[19F/1.9/25F/2.5/3/3S]-C2

Product Type
HYS64T128000EU-19F-C2
HYS64T128000EU-1.9-C2
HYS64T128000EU-25F-C2
HYS64T128000EU-2.5-C2
HYS64T128000EU-3-C2
HYS64T128000EU-3S-C2

TABLE 2
HYS72T128000EU-[1.9/25F/2.5/3/3S]-C2

Product Type
HYS72T128000EU-25F-C2
HYS72T128000EU-1.9-C2

Abbildung 11: Bezeichnungen der dokumentierten Produkte

Die eindeutigen Produktnamen erlauben im Bezug zur Produktdatenbank den Zugriff auf alle Produktdaten.

Durch das XSL-T Skript ist es auf diese Weise möglich ganze Tabellen automatisch zu erzeugen und in das Dokument einzufügen.

Ein Beispiel hierfür ist die Tabelle „Ordering Information", die im Quelldokument nur durch eine leere Tabelle samt der Variablen „_Ord_Info_Table" vorliegt, und im fertigen Dokument mit Inhalten befüllt ist.

Folgende Abbildung zeigt eine solche Tabelle:

 Green Product

TABLE 2
Ordering Information

Product Type[1]	Compliance Code[2]	Description	SDRAM Technology	
PC2-8500 (6-6-6)				
HYS64T256020EU-19F-C2	2GB 2R×8 PC2-8500U-666-13-E0	2 Ranks, Non-ECC	1Gbit (×8)	
HYS64T128000EU-19F-C2	1GB 1R×8 PC2-8500U-666-13-D0	1 Rank, Non-ECC	1Gbit (×8)	
PC2-8500 (7-7-7)				
HYS64T256020EU-1.9-C2	2GB 2R×8 PC2-8500U-777-13-E0	2 Ranks, Non-ECC	1Gbit (×8)	
HYS64T128000EU-1.9-C2	1GB 1R×8 PC2-8500U-777-13-D0	1 Rank, Non-ECC	1Gbit (×8)	
PC2-6400 (5-5-5)				
HYS72T256020EU-25F-C2	2GB 2R×8 PC2-6400E-555-12-G0	2 Ranks, ECC	1Gbit (×8)	
HYS64T256020EU-25F-C2	2GB 2R×8 PC2-6400U-555-12-E0	2 Ranks, Non-ECC	1Gbit (×8)	
HYS64T128000EU-25F-C2	1GB 1R×8 PC2-6400U-555-12-D0	1 Rank, Non-ECC	1Gbit (×8)	
HYS72T128000EU-25F-C2	1GB 1R×8 PC2-6400E-555-12-F0	1 Rank, ECC	1Gbit (×8)	
PC2-6400 (6-6-6)				

Abbildung 12: Tabelle für Bestellinformationen

2.4.5. Die Produktdatenbank als Datenquelle

Zum Erzeugen von XSLT-spezifischen Variablen wird ein XML-Export der Datenbank verwendet („Label.xml").

Die untere Abbildung zeigt einen Teil des Exports im Excel-Format:

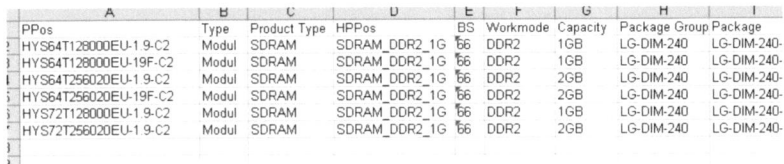

A	B	C	D	E	F	G	H	I
PPos	Type	Product Type	HPPos	BS	Workmode	Capacity	Package Group	Package
HYS64T128000EU-1.9-C2	Modul	SDRAM	SDRAM_DDR2_1G	66	DDR2	1GB	LG-DIM-240	LG-DIM-240-
HYS64T128000EU-19F-C2	Modul	SDRAM	SDRAM_DDR2_1G	66	DDR2	1GB	LG-DIM-240	LG-DIM-240-
HYS64T256020EU-1.9-C2	Modul	SDRAM	SDRAM_DDR2_1G	66	DDR2	2GB	LG-DIM-240	LG-DIM-240-
HYS64T256020EU-19F-C2	Modul	SDRAM	SDRAM_DDR2_1G	66	DDR2	2GB	LG-DIM-240	LG-DIM-240-
HYS72T128000EU-1.9-C2	Modul	SDRAM	SDRAM_DDR2_1G	66	DDR2	1GB	LG-DIM-240	LG-DIM-240-
HYS72T256020EU-1.9-C2	Modul	SDRAM	SDRAM_DDR2_1G	66	DDR2	2GB	LG-DIM-240	LG-DIM-240-

Abbildung 13: Excel-Export der Produktdatenbank

2.4.6. PDF-Dokument-Metadaten

Weitere benötigte Daten für das Erzeugen eines Dokuments sind die Metadateninformationen der endgültigen PDF-Datei.

Die untere Abbildung zeigt solche Metadaten für ein DDR2 DRAM Datenblatt:

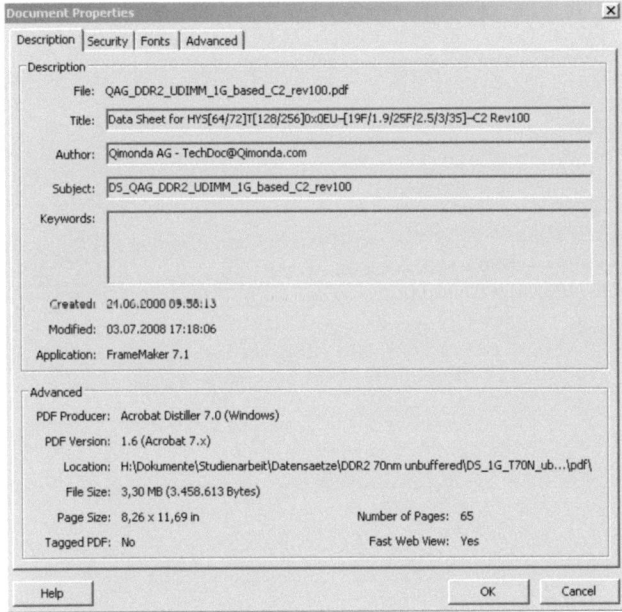

Abbildung 14: PDF-Metadaten eines Datenblatts

In der bisherigen Arbeitsweise mit FrameMaker wurden diese Informationen gesondert in die PDF-Datei eingebracht.

Ziel der Studie ist es, auch diese Informationen in einer Datensammlung abzulegen und bei der PDF-Produktion automatisch in das Dokument einzubringen.

3. Literaturbezug

Die Verwendung von Literatur und anderen Quellen zu folgenden Themengebieten unerlässlich:

Primäre Themengebiete	Hauptsächlich verwendete Quellen
Ausgangssituation FrameMaker: – Variablen und konditionaler Text mit FrameMaker. – Textverarbeitung mit FrameMaker. – Publikation mit FrameMaker.	Loring (2002): FrameMaker 7 – The Complete Reference.
Ausgangsituation Produkte: – Verständnis von Produkteigenschaften (Halbleiter-Speicher)	Infineon Technologies AG (2004): Semiconductors.
Allgemeine Umsetzung mit der DITA-DTD:	Bruski (2006): Introduction to DITA: A User Guide to the Darwin Information Typing Architecture. OASIS, DITA- Committee (2007): DITA Version 1.1. Architectural Specification.
Hintergrundinformationen XML und XSL-T:	Ray (2001): Learning XML. Cowan (2008): XML in Technical Communication. Tidwell (2001): XSLT – Mastering XML Transformations.
Konzepte zum Umgang mit Variablen, Konditionen und Filtern mit DITA:	Yahoo.com-Gruppe: DITA-Users.
Begriffsklärungen:	Microsoft (2008): Microsoft Encarta 2008 Enzyklopädie. Duden (1996): Das große Wörterbuch der deutschen Sprache in 10 Bänden

Zum Kernthema dieser Studie fand darüber hinaus eine intensivere Recherche statt:

Die Umsetzungsmöglichkeiten der FrameMaker Variantensammlungen (vgl. Kapitel 3.2 „Variablen und konditionaler Text mit DITA") mit DITA-Mitteln, wurde genauer untersucht.

Erst dann wurde die Strategie der Umsetzung mit DITA entwickelt. Diese Strategie ist Kerngegenstand der Studie.

In den folgenden beiden Kapiteln wird anhand von Literatur und anderen Quellen untersucht, wie die Arbeitsweise mit Variantensammlungen aus FrameMaker in XML und DITA umgesetzt werden kann.

Wie bereits im Exposé beschrieben, sind für die Umsetzung mit DITA zwei zentrale Arbeitsgrundrundlagen vorgegeben:

- Für die Verarbeitung von Variablen und Konditionen sollen DITA-Topics als Datenquelle dienen.
- Als Verarbeitungsmöglichkeit wird ein nachgelagertes XSLT-Skript favorisiert.

3.1. Variablen und konditionaler Text mit XML

3.1.1. Variablen in XML

Verwenden von Entities

Die gebräuchlichste Methode, um Variablen in XML zu nutzen, ist der Gebrauch von Entities.

Entities können verwendet werden, um Variablen zu deklarieren und diesen einen Wert zuzuweisen, der im eigentlichen XML-Dokument beliebig oft ausgegeben wird. Dies geschieht in der Regel während des Parsens von XML-Dokumenten [vgl. Ray (2001)].

Entities können in derselben Datei wie die Entity-Verweise, aber auch in externen Dateien deklariert werden.

Bei der im Kapitel 2.2 „Variablen und Konditionen mit FrameMaker" beschriebenen Arbeitsweise mit FrameMaker wird die Verwendung von Variablen durch die FrameMaker-Anwendung unterstützt.

Öffnet man eine so erzeugte Datei mit einem XML-Editor, ist gut zu sehen, dass FrameMaker ebenfalls mit dem Entity-Konzept Variablen definiert und auflöst.

Folgende Abbildung zeigt die Entity-Deklaration eines Datenblatts innerhalb von FrameMaker:

```
<?xml version="1.0" encoding="UTF-8"?>
<!DOCTYPE Document SYSTEM "file:///X:/QAG_TechDoc_xx_rel420/dtd/dtd.dtd" [

<!-- Begin Document Specific Declarations -->

<!ENTITY Application "TechDoc_A4_421">
<!ENTITY Owner         "Gunnar Krause">
<!ENTITY _Mod_Speed_Grade "_Mod_Speed_Grade">
<!ENTITY _Mod_Organisation "_Mod_Organisation">
<!ENTITY _Chip_Organisation "_Chip_Organisation">
<!ENTITY _Mod_Density "_Mod_Density">
<!ENTITY _Chipsize_Package "_Chipsize_Package">
<!ENTITY _Raw_Card "_Raw_Card">
<!ENTITY Doc_TopRight1 "HYS72T[64/128]0xOER-[3.7/5]-B2">
<!ENTITY _ECC_NonECC "_ECC_NonECC">
<!ENTITY _Ord_Info_Table "_Ord_Info_Table">
<!ENTITY _Address_Format_table "_Address_Format_table">
<!ENTITY _ComponentonModule_Table "_ComponentonModule_Table">

<!-- End Document Specific Declarations -->
```

Abbildung 15: FrameMaker Entities für Datenblätter

Verwenden von XSLT

Eine weitere Methode, um Variablen zu definieren und aufzulösen ist die
Verwendung von XSLT.

Hier sind den Möglichkeiten kaum Grenzen gesetzt, da jedes beliebige
Element angewählt und durch feste Vorgaben transformiert werden
kann.

So kann zum Beispiel das Element <variable name="Zahl1"/> so umgewandelt werden, dass dieses durch den an anderer Stellen definierten Wert für „Zahl1" ersetzt wird.

3.1.2. Konditionaler Text und andere Filter

Die Umsetzung von konditionalem Text oder zum Beispiel Filtern für Tabellen ist kein grundlegendes Konzept von XML, wie zum Beispiel Entities.

Die untersuchte Literatur zeigt mehrere Möglichkeiten, die je nach ge-
stellter Anforderung mehr oder weniger praktikabel sind [vgl. Cowan
(2008)]:

- Verwendung von Include- und Exclude-Deklarationen.

- Verwendung von XSL-T.
- Verarbeitung durch DTP-Programme (FrameMaker) bzw. Hilfsprogramme (DITA Open Toolkit).

An dieser Stelle sollen nicht alle Möglichkeiten im Detail untersucht werden, da das Ziel dieser Studie die Umsetzung mit DITA und nicht mit einer beliebigen XML-Struktur ist.

Die Möglichkeiten der Umsetzung von Variablen, konditionalem Text sowie anderen Filtern mit DITA wird im folgenden Kapitel genauer betrachtet.

3.2. Variablen und konditionaler Text mit DITA

3.2.1. Konditionaler Text mit DITA

Ditaval

Die in DITA standardmäßig implementierte Möglichkeit konditionalen Text zu verwenden ist das so genannte "Conditional Processing" mithilfe einer Ditaval-Datei.

Hierzu können Elemente mit Attributen belegt werden und bei der Verarbeitung mit dem DITA Open Toolkit gefiltert werden.

Das folgende Beispiel zeigt, wie ein Hinweis ausgezeichnet werden kann, damit er für die Zielgruppen Administrator und Anfänger gültig ist:

```
<note audience="admin beginner">Dies ist ein Hinweis.</note>
```

In der Ditaval-Datei kann nun definiert werden, dass beispielsweise nur die Elemente für die Administratoren ausgegeben werden.

Das obere Beispiel zeigt, dass eine simple "OR" Verknüpfung möglich ist. Weiter reicht die Funktionalität von Ditaval allerdings nicht [vgl. Bruski (2006)].

Da die Abteilung TechDoc in ihrer Arbeitsweise allerdings für konditionale Attribute boolesche Ausdrücke verwendet, ist Ditaval hier nicht ausreichend:

- Die Inhalte müssten komplett überarbeitet und vereinfach werden.
- Die Migration durch ein automatisches Übersetzungs-Skript wäre nicht mehr möglich.

3.2.2. Variablen mit DITA

Das Konzept von DITA beinhaltet zunächst keine fundamentale Lösung, um Variablen zu verwenden.

Jedoch gibt es einige Möglichkeiten, die im Folgenden untersucht und bewertet werden.

Entities in DITA

Die Verwendung von Entities um Variablen zu verarbeiten ist in DITA standardmäßig nicht vorgesehen. Da DITA aber das Prinzip von Entities für Sonderzeichen verwendet, könnten somit auf diesen Umweg auch Variablen benutzt werden.

Jedoch schreibt Michael Priestley hierzu im DITA-Users-Forum, dass die Verwendung von Entities mit DITA absolut vermieden werden sollte [vgl. Beitrag von M. Priestley DITA-Users (2008)].

Aus diesem Grund wird im Rahmen der Studie das Konzept der Entities zum Verwenden von Variablen für die DITA-Umsetzung als nicht praktikabel bewertet.

Verwendung von Conref

Eine weitere Möglichkeit zur Verwendung von Variablen in DITA wurde ebenfalls im DITA-Users-Expertenforum diskutiert [vgl. DITA-Users (2008)]:

Eine Variable, wie zum Beispiel ein Produktname kann beispielsweise mit dem <ph>-Element gekennzeichnet werden. Da der Conref-Mechanismus auf jedes Element angewendet werden kann, ist es möglich das <ph>-Element beispielsweise aus dem DITA-Topic „Products.dita" zu referenzieren.

Tauscht man die Datei „Products.dita" jetzt aus, ist es so möglich, die Variablenwerte zu verändern.

Ein Vorteil dabei ist, dass mit den geeigneten Programmen (z. B. XMetal) sogar eine Voransicht während des Editiervorgangs möglich ist.

In Hinblick auf die Verwendung im CMS „TOM" müsste die referenzierte Quelle in der Datenbank explizit ausgetauscht werden, da jeder Dateiname eines Topics eindeutig ist (ID).

Diese aufwendige Programmierarbeit kann zurzeit nicht implementiert werden.

Ein weiterer Grund, der gegen die Lösung des Conref-Mechanismus spricht, ist die unverhältnismäßige Strukturänderung im Vergleich zur Qimonda FrameMaker-DTD.

Der Publikationsprozess sieht nämlich vor, dass die DITA-Dateien zur Publikation durch ein XSLT-Skript, nach FrameMaker übertragen werden (vgl. Kapitel 4.1.2 „Publikation (Map-Publishing)").

Verwendung von Xref

Eine weitere Möglichkeit, die ebenfalls im Forum DITA-Users genannt wurde, ist die Verwendung des <xref>-Elements. Hier wurde vorgeschlagen die Referenz auf eine spezielle HTML-Quelle zu verweisen, die bei Laufzeit geändert werden könnte.

Diese komplexere Möglichkeit wurde im Rahmen der Studie als wenig praktikabel angesehen, da als Datenquelle DITA-Topics verwendet werden sollen.

Verwenden von XSL-T

Für die Umsetzung von Variablen in DITA bei der Qimonda AG bietet XSL-T die beste Lösung.

Dies hat vor allem folgende Gründe:

- Es gibt wenige Beschränkungen.

- Die Abteilung TechDoc hat Mitarbeiter, die große Erfahrung in der XSLT-Programmierung haben.

- Die XSLT-Skripte können ohne Probleme in das CMS „TOM" integriert werden.

- Für Daten auf Basis der FrameMaker DTD sind alle nötigen Skripte bereits programmiert.

Die DITA-Dateien müssen also nur zurück in FrameMaker-Dateien übersetzt werden, um die volle Funktionsvielfalt der bisherigen Arbeitsweise beizubehalten.

4. Geplante Umsetzungs-Strategie mit DITA

Auf Basis, der in den vorherigen Kapiteln untersuchten Möglichkeiten der Verarbeitung wurde ein Konzept für die Umsetzung mit DITA entwickelt. Hierbei spielt auch die Verwendung des von Qimonda selbst entwickelten CMS „TOM" eine maßgebliche Rolle.

Wichtige Vorgaben hierzu sind:

- Umsetzung von Variablen, Konditionen und Filtern innerhalb von DITA-Topics ohne Verlust der bisherigen Funktionalität mit FrameMaker.
- Möglichst große Ähnlichkeit von DITA- und FrameMaker-Struktur um eine Migration und die spätere Publikation mit FrameMaker zu vereinfachen.
- Sammlung aller Daten zum Auflösen von Variablen usw. in einem einfachen DITA-Topic.
- DITA-Aggregate werden zur Publikation in das FrameMaker-Format umgewandelt und dann über einen FrameMaker-Server als PDF produziert.
- Quell-Topics und Daten-Topics sind in dem CMS „TOM" abgelegt.
- Das DITA Open Toolkit ist im CMS „TOM" bereits integriert. Es besteht eine Anbindung zu dem FrameMaker-Server zur Publikation und die Möglichkeit XSLT-Skripte auszuführen.

Die folgenden Kapitel beschreiben das geplante Umsetzungskonzept:

4.1. Übersicht

Das geplante Konzept im Rahmen dieser Studie beinhaltet:

- Die Aggregation von Topics samt benötigter Daten (Map-Building).
- Die Publikation des Aggregates in ein PDF-Dokument (Map-Publishing).

4.1.1. Aggregation (Map-Building)

Zusammenfassend lässt sich das Map-Building folgendermaßen charakterisieren (vgl. Abb. 16):

- Die Qimonda DITA-Topics (**A**) enthalten Variablen und Konditionen in speziell ausgezeichneten Elementen (vgl. Kapitel 5 „Variablen und Konditionen in DITA umsetzten").

- Alle benötigten Daten zum Auflösen von Varianten werden in einen einfachen DITA-Daten-Topics gespeichert (**B**) (vgl. Kapitel 6 „Datensätze in DITA umsetzen").

- Quell- und Daten-Topics werden im CMS „TOM" verwaltet (Repository – **C**) (vgl. Kapitel 8 „Migration in das CMS „TOM").

- Durch DITA-Maps werden Kapitel zur Sub-Maps zusammengefasst. Diese Sub-Maps werden durch Map-References zu Gesamt-Dokumenten („Family-Data-Sheets" - FDS) zusammengefasst. Diese FDS-Maps beinhalten alle möglichen Variationen einer Produktfamilie (**D**) und werden ebenfalls im CMS verwaltet (**C**) (vgl. Kapitel 9 „Aggregation im CMS „TOM").

- Erst durch die Zuordnung von Daten-Topics (**C**) werden aus den Family-Data-Sheets Dokumente für ein explizites Produkt. Dies ist die sogenannte Final-Map (**E**) (vgl. Kapitel 9.1 „Zuordnung von Datensätzen zu DITA-Maps").

- Durch das in dem CMS „TOM" integrierte DITA Open Toolkit wird die Final-Map aggregiert (**F**). Temporär wird ein so Genanntes „Merged-File" erzeugt (**G**).

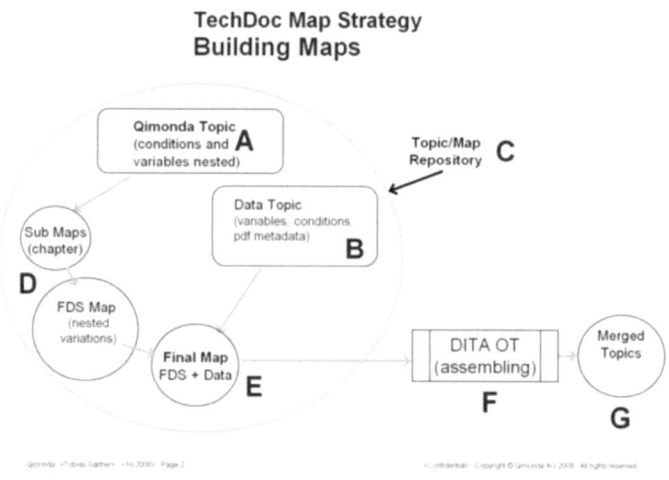

Abbildung 16: Strategie Aggregation (Map-Building)

4.1.2. Publikation (Map-Publishing)

Das vorangehende Kapitel beschreibt, wie aus Topic und Daten ein Aggregat erzeugt wird.

Ein solches Aggregat aus dem DITA Open Toolkit ist sehr umfangreich. Würde eine solche Datei geöffnet werden, wären alle möglichen Produktvariationen und die Daten zum Auflösen immer noch enthalten.

Erst die Verarbeitung mit XSLT erzeugt ein explizites Dokument für ein Produkt.

Zusammenfassend lassen sich die XSLT-Verarbeitung und die Publikation folgendermaßen zusammenfassen (vgl. Abb. 17):

- Das sogenannte Merged-File wurde erzeugt. Alle möglichen Produktvariationen und die Daten zum Auflösen sind noch enthalten (**G**).

- An dieser Stelle dient das Merged-File als Grundlage, um Dateien auf Basis der Qimonda FrameMaker-DTD zu erzeugen. Der Vorteil liegt darin, dass alle bisherigen Verarbeitungsmöglichkeiten (vgl. Kapitel 2.2 „Variablen und Konditionen mit FrameMaker") der Arbeitsweise mit FrameMaker erhalten bleiben.

- Das XSLT-Skript erzeugt also eine Qimonda FrameMaker konforme XML-Datei (**H**). Temporär werden exakt diejenigen Datensätze erzeugt, die auch in der aktuellen Arbeitsweise mit FrameMaker benötigt werden (variable.xml, products.xml, etc. - vgl. Kapitel 2.4 „Vorliegende Datensätze für die Dokumentproduktion").

- Erst dann werden alle Variationen mittels der Daten aufgelöst.

- Erzeugt wird eine XML-Datei, die in FrameMaker geöffnet werden kann und auf der Qimonda FrameMaker-DTD basiert.

- Dieses Datei-Buch wird anschließend von CMS „TOM" an einen FrameMaker-Server gesendet.

- Für diese Datei wird innerhalb von FrameMaker die aktuelle Qimonda-Vorlage angewendet, welche mit den entsprechenden Variablen für Titel und Ähnlichen befüllt wird. Verzeichnisse werden erstellt.

- Zum Abschluss erzeugt der FrameMaker-Server eine PDF-Datei, die mit den im Daten-Topic definierten Metadaten für das PDF belegt wird (**J**).

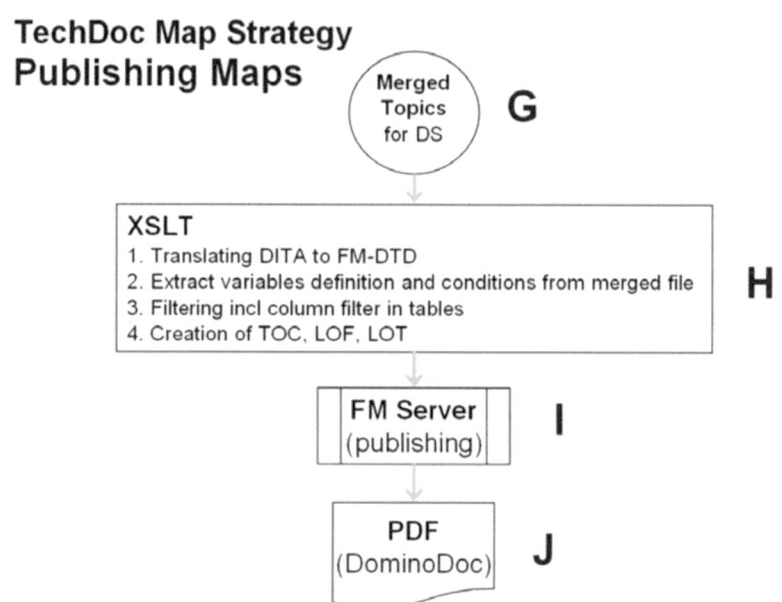

TechDoc Map Strategy

Publishing Maps

- Merged Topics for DS — **G**

XSLT
1. Translating DITA to FM-DTD
2. Extract variables definition and conditions from merged file
3. Filtering incl column filter in tables
4. Creation of TOC, LOF, LOT

H

FM Server (publishing) — **I**

PDF (DominoDoc) — **J**

Abbildung 17: Strategie Publikation (Map-Publishing)

5. Variablen und Konditionen in DITA umsetzten

Dieses Kapitel beschreibt, wie die in der Arbeitsweise mit FrameMaker verwendeten Variablen und Konditionen in der DITA-DTD umgesetzt wurden.
Eine große Strukturähnlichkeit mit den FrameMaker Quellen ist beabsichtigt. Auf diese Weise war eine teilweise automatische Migration nach DITA möglich.

Die praktischen Erfahrungen der Studie haben dazu beigetragen, das hierzu verwendete XSLT-Skript maßgeblich zu verbessern.

Diese Ergebnisse zu Verbesserung sind ein weiteres Resultat der Studie, das zunächst im Exposé nicht so geplant war.

5.1. Variablen und Konditionen mit DITA

Wie in der Ausgangssituation beschrieben (vgl. Kapitel 2 „Ausgangssituation mit FrameMaker"), sind Variablen, konditionale Texte und Filter für Tabellenspalten bereits in der aktuellen Arbeitsweise mit FrameMaker etabliert.

In der vorangegangenen Diplomarbeit [vgl. Gärtner (2008)] wurde dieses Konzept der Variantensammlung aufgegriffen und umgesetzt.

Da eine XSLT-gestützte Umwandlung der FrameMaker-Dateien angestrebt wird, wurde im Rahmen der Studie genauer untersucht, wie die Variantensammlung aus FrameMaker in ein valides DITA umgewandelt werden müsste.

Dieses Kapitel beschreibt die Etablierung dieses Konzepts von Variantensammlungen innerhalb der DITA-Topics. Hierzu wurden die Vorarbeiten durch die Diplomarbeit und die bereits vorgenommenen DITA-Spezialisierungen vorausgesetzt.

Die Zuordnung der benötigten Werte für die Produktion von Dokumenten wird im Kapitel 9.1 „Zuordnung von Datensätzen zu DITA-Maps" beschrieben.

5.1.1. Enthaltene Variablen

Folgender Ausschnitt eines XML Codes zeigt, wie Variablen im strukturierten FrameMaker eingebracht sind:

```
<Item>
<UserVariable Name = "_Mod_Organisation">&_Mod_Organisation;
</UserVariable>module organization, and <UserVariable Name =
"_Chip_Organisation">&_Chip_Organisation;</UserVariable> chip
organization.
</Item>
```

Um Variablen in ähnlicher Form mit der DITA-DTD zu verwenden, wurde unabhängig von dieser Studie bereits eine DITA-Spezialisierung vorgenommen.

Die Spezialisierung des <ph>-Elements stellt das neue Element <q-variable> samt einem Attribut „q-name" zur Verfügung.

Eine Variable kann innerhalb der spezialisierten DITA-DTD durch das Element <q-variable> und dem Attribut gesetzt werden. Das Attribut enthält den Namen der Variablen.

Die Variablen in den FrameMaker Quelldateien können dann auf folgende Weise mit der DITA-DTD umgesetzt werden. Die Entity „&_Mod_Organisation" entfällt dabei, da diese erst bei der späteren Verarbeitung mit XSLT neu definiert wird:

XML-Code: FrameMaker	XML-Code: DITA (Qimonda)
<UserVariable>	<q-variable>
Name="_Mod_Organisation" (<UserVariable> Element)	q-name="_Mod_Organisation" (<q-variable> Element)
&_Mod_Organisation;	XML-Entity, die im DITA-Quellcode nicht gesetzt wird.

Tabelle 3: Entsprechung XML-Code FrameMaker und DITA: Variablen

5.1.2. Konditionale Texte

Folgender Ausschnitt eines XML Codes zeigt, wie konditionaler Texte im strukturierten FrameMaker eingebracht sind:

```
<Conditional Show = "UDIMM or EDIMM">Unbuffered</Conditional>
```

Das Element <Conditional> hat zunächst allein die Funktion Textstellen als konditional zu kennzeichnen, beispielsweise innerhalb eines Absatzes. Das Attribut "Show" enthält die eigentliche Definition des konditionalen Inhalts.

Das Attribut "Show" kann allerdings auch für eine Vielzahl von anderen Elementen verwendet werden. So ist es beispielsweise möglich Listenpunkte, Tabellen, Grafiken, Sektionen oder Ähnliches mit einer Kondition zu versehen.

Die DITA-DTD stellt bereits einige Attribute für konditionalen Text zur Verfügung. Diese sind beispielsweise „audience", „platform" oder „products" [vgl. Oasis (2007)].

Die Vielzahl der in FrameMaker verwendeten Konditionen lassen sich allerdings keiner dieser Gruppen eindeutig zuweisen.Die DITA-DTD bietet hier die Möglichkeit, das „Otherprops" Attribut zu verwenden.

Unabhängig von dieser Studie wurde allerdings das Attribut „q-show" auf Basis des Base-Attributs spezialisiert, welches nahezu in jedem Element verwendet werden kann.

Zur Umsetzung der konditionalen FrameMaker Texte in DITA wird deshalb das Attribut „q-show" verwendet.

Anstelle des Elements <Conditional> in FrameMaker wird in der DITA-Umsetzung das Phrase Attribut (<ph>) verwendet.

Im Einzelnen wurde das oben gezeigte Code-Beispiel folgendermaßen mit DITA umgesetzt:

XML-Code: FrameMaker	XML-Code: DITA (Qimonda)
<Conditional>	<ph>
Show="SO-DIMM" (<Conditional> Element)	q-show="SO-DIMM" (<ph> Element)
UDIMM or EDIMM	UDIMM or EDIMM

Tabelle 4: Entsprechung XML-Code FrameMaker und DITA: Kond. Text

5.1.3. Filter für Tabellenspalten

Eine Besonderheit bei der Arbeit mit FrameMaker ist die Verwendung von Filtern für Tabellenspalten. Hierbei enthält die erste Zeile der Tabelle je Spalte einen Wert, der angibt, für welche Bedingungen die Spalte ausgegeben oder gelöscht wird.

Performance Table

Column Filter		19F	1.9	25F	2.5	3	3S	3.7	5		
QAG Speed Code		–19F	–1.9	–25F	–2.5	–3	–3S	–3.7	–5	Unit	Note
DRAM Speed Grade	DDR2	–1066E	–1066F	–800D	–800E	–667C	–667D	–533C	–400B		
DRAM Speed Grade	DDR2	–1066E	–1066F	–800D	–800E	–667C	–667D	–533C	–400B		
Module Speed Grade	PC2	–8500E	–8500F	– 6400D	– 6400E	5300C	5300D	4200C	3200B		
CAS-RCD-RP latencies		6–6–6	7–7–7	5–5–5	6–6–6	4–4–4	5–5–5	4–4–4	3–3–3	t_{CK}	
Max. Clock Frequency	CL3 f_{CK3}	–	–	200	200	200	200	200	200	MHz	
	CL4 f_{CK4}	333	266	266	266	333	266	266	200	MHz	
	CL5 f_{CK5}	400	333	400	333	333	333	266	–	MHz	
	CL6 f_{CK6}	533	400	–	400	–	–	–	–	MHz	
	CL7 f_{CK7}	533	533	–	–	–	–	–	–	MHz	
Min. RAS-CAS-Delay	t_{RCD}	11.25	13.125	12.5	15	12	15	15	15	ns	
Min. Row Precharge Time	t_{RP}	11.25	13.125	12.5	15	12	15	15	15	ns	
Min. Row Active Time	t_{RAS}	45	45	45	45	45	45	45	40	ns	
Min. Row Active Time	t_{RAS}	45	45	45	45	45	45	45	40	ns	1)
Min. Row Active Time	t_{RAS}	40	40	40	40	40	40	40	40	ns	2)
Min. Row Cycle Time	t_{RC}	56.25	58.125	57.5	60	57	60	60	55	ns	
Min. Row Cycle Time	t_{RC}	56.25	58.125	57.5	60	57	60	60	55	ns	1)
Min. Row Cycle Time	t_{RC}	51.25	53.125	52.5	55	52	55	55	55	ns	2)
Precharge-All (4 banks) command period	t_{PREA}	11.25	13.125	12.5	15	12	15	15	15	ns	
Precharge-All (8 banks) command period	t_{PREA}	13.125	15	15	17.5	15	18	18.75	20	ns	3) 4)

Abbildung 18: Beispiel eines Filters für Tabellenspalten

Diese Filter ähneln den oben beschriebenen konditionalen Text, können aber nicht allein durch ein Attribut verwirklicht werden. Das Beispiel zeigt, das die Verwendung eines Attributs für Tabellenzeilen sehr gut möglich ist.

Die Auflösung der Bedingungen für diese Filter wird mithilfe eines XSLT-Skripts umgesetzt.

In der folgenden Tabelle wird gezeigt, wie eine solche Tabelle aus FrameMaker mit der DITA-DTD umgesetzt wurde:

XML-Code: FrameMaker	XML-Code: DITA (Qimonda)
<S_Table Type = "Normal" Source = "Initial" cols = "13" [...]>	<tgroup cols="13" align="left">
<S_HRow Show ="**admin**" rowsep = "1">	<row valign="middle" q-show="**admin**">
<S_HCellBody>**Column Filter**</S_HCellBody>	<entry namest="col1" nameend="col3">**Column Filter**</entry>
<S_HCellBody>**19F**</S_HCellBody>	<entry colname="col4">**19F**</entry>
<S_HCellBody></S_HCellBody>	<entry colname="col12"/>

Tabelle 5: Entsprechung XML-Code FrameMaker und DITA: Tabellenfilter

5.1.4. Fazit der Umsetzung mit DITA

Die bereits in der Arbeitsweise mit FrameMaker etablierten Variantensammlungen konnten ohne Ausnahme mit der spezialisierten Qimonda DITA-DTD umgesetzt werden:

- Variablen
- Konditionalem Text
- Filter für Tabellenspalten

Kapitel 3.2 „Variablen und konditionaler Text mit DITA" zeigt, dass eine Verarbeitung mit XSLT-Mitteln nötig ist, um die bisherigen Möglichkeiten zu erhalten.

In den folgenden Kapiteln wird aufgezeigt, welche Daten für das konkrete Auflösen der Variantensammlungen benötigt werden, wie diese strukturiert sein sollten und auf welche Weise die Daten in das CMS zur Verarbeitung eingebracht werden (vgl. Kapitel 8.3 „Migration von Datensätzen ins CMS „TOM").

Wie im Kapitel 2.4 "Vorliegende Datensätze für die Dokumentproduktion" beschrieben, werden für die Produktion eines Datenblattes verschiedene Daten benötigt. Diese sind:

- Werte für Variablen.
- Werte für konditionalen Text.
- Werte zum Auflösen von Filtern für Tabellenspalten.
- Bezeichnungen der dokumentierten Produkte.
- Inhalte für die Dokument-Metadaten der PDF-Datei.
- Informationen der Produktdatenbank.

In der bisherigen Arbeit mit FrameMaker sind diese Werte teilweise in verschiedenen Dateien oder Quellen definiert.

Im Rahmen der Studie werden zunächst alle benötigten Daten für die Produktion von zwei unterschiedlichen Produktdatenblättern gesammelt.

Diese Daten werden dann möglichst zentral und mit einer sinnvollen Struktur in jeweils einer Quelle zusammengetragen.

Im letzten Schritt sollen diese zusammengestellten Beispiel-Datensätze in das CM-System eingebracht werden, um diese für die Produktion von Datenblättern zu verwenden.

6. Datensätze in DITA umsetzen

Dieses Kapitel beschreibt, wie die benötigten Datensätze zusammengestellt, strukturiert und in DITA-Topics umgesetzt wurden.

6.1. Zusammenstellen von Datensätzen

Für die beispielhafte Produktion von Datenblättern wurden zwei Produktgruppen vorausgewählt:

- DDR2 Unbuffered DIMM.
- DDR2 Fully-Buffered DIMM.

Diese beiden Produktgruppen unterscheiden sich in einigen Bereichen wesentlich, während andere Inhalte des Datenblatts, wie beispielsweise die Nomenklatur sehr ähnlich sind.

Bei der Zusammenstellung der Beispieldokumente in einer DITA-Map konnten deshalb einige Topics in beiden Maps verwendet werden.

Zur Zusammenstellung der benötigten Daten für die Dokumentproduktion wurden folgende Ressourcen verwendet, welchen die in der Tabelle angegebenen Informationen entnommen wurden:

Quelle	Enthaltene Daten
variable.fm	Einfache Benutzervariablen.
variable.xml	Konditionaler Text und XSL-T spezifischen Variablen.
products.xml	Bezeichnungen aller Produkte, für die das Datenblatt gültig ist. Die Produktnamen werden für das Erzeugen der Bestellinformationen und der SPD-Codes benötigt.
Publizierte Pdf-Datei	Dokumenteigenschaften der PDF-Publikation.

Tabelle 6: Ressourcen für die Zusammenstellung von Datensätzen

Um an die entsprechenden Daten zu gelangen, wurde auf ein Archiv für Datenblätter zugegriffen. Dieses Archiv enthält alle Quelldateien und das eigentliche Datenblatt von bereits produzierten Dokumenten.

Quelle	Enthaltene Daten
Label.xml	Gesamte Daten der Produktdatenbank als XML-Export.

Tabelle 7: Benötigte Ressource für die XSLT-Verarbeitung

6.2. Strukturierung von Datensätzen

Nach der Zusammenstellung aller benötigten Daten für zwei Datenblätter wurden diese auf Ihre Struktur untersucht.

Ein Großteil der Daten liegt bereits als Tabelle vor. Diese sind:

- Werte für Benutzervariablen als FrameMaker Tabelle.
- Werte für konditionalen Text und XSLT-spezifische Variablen als XML-FrameMaker Tabelle.
- Produktbezeichnungen als Excel-Tabelle.

Die Werte für Variablen und Konditionen liegen als Tabelle mit drei Spalten vor. Die erste Spalte benennt die Variable oder die Kondition; die zweite Spalte enthält den Wert und die dritte Spalte ein Feld für Kommentare. Folgende Tabelle veranschaulicht dies:

Name	Value	Comment
Doc_Type	Data Sheet	Benutzervariable
UDIMM	1	Wert für konditionalen Text

Tabelle 8: Tabellenstruktur f. Variablen und Konditionen

Eine Besonderheit bilden die Dokumenteigenschaften der späteren PDF-Datei.

Diese Dokument-Metadaten wurden direkt aus den mit FrameMaker publizierten PDF-Dateien übernommen und können in einer zweizeiligen Tabelle dargestellt werden:

Name	Value
Author	Qimonda TechDoc

Tabelle 9: Tabellenstruktur für PDF-Metadaten

6.3. Entscheidung: Struktur der Daten-Topics

Die eigentliche XSL-T Anwendung zum Auflösen von Variablen und konditionalen Text basiert, trotz der Verwendung von DITA, weiterhin auf FrameMaker Dateien (vgl. Kapitel 10 „XSL-T Anwendung").

Das DITA-Aggregat muss also in jedem Fall in die entsprechenden FrameMaker Dateien umgewandelt werden.

Dieser Umweg hat den Vorteil, dass nur wenige der bereits existierenden XSLTs umgeschrieben werden müssen.

Das XML-Schema DITA bietet mehrere Möglichkeiten Daten strukturiert in einem Topic abzulegen. Die einfachste Möglichkeit wäre eine Strukturierung als Baum-Anordnung von Elementen.

In Hinblick auf die Umwandlung der DITA-basierten Daten zurück in ein FrameMaker Format, musste die Struktur allerdings so vorliegen, dass diese Umwandlung problemlos möglich ist.

Zur Migration von strukturierten FrameMaker-Dateien in ein DITA-Format wurde durch die Abteilung TechDoc bereits ein XSLT-Skript erstellt [vgl. auch Diplomarbeit: Gärtner (2008)].

Um weitere aufwendige Programmierarbeit zu vermeiden, wurde dieses Skript so modifiziert, dass es auch DITA-Dateien zurück in die FrameMaker-DTD umwandeln kann.

Dieses sogenannte „FM2DITA"-Skript erzeugt aus einer FrameMaker Tabelle eine Tabelle innerhalb der DITA-DTD.

Folgende Quellcode-Beispiele zeigen, wie eine Tabelle in FrameMaker in eine DITA-Tabelle umgewandelt wird.

6.3.1. Tabelle in der Qimonda-FrameMaker-DTD:

```
<Document><Chapter xmlns:dctm =
"http://www.documentum.com"><Title>Variables</Title>

<Paragraph></Paragraph>

<Table InColumn = "Yes"><WaveAnchor/>

<Title><ForcedReturn/>General</Title>

<S_Table cols = "3" colsep = "1" rowsep = "1"

   cwidths = "1.037in 1.155in 1.155in">

<S_Head>

<S_HRow rowsep = "1">

<S_HCell colname =
"1"><S_HCellBody>Name</S_HCellBody></S_HCell>

<S_HCell colname =
"2"><S_HCellBody>Value</S_HCellBody></S_HCell>
```

```
<S_HCell colname =
"3"><S_HCellBody>Comment</S_HCellBody></S_HCell>

</S_HRow>

</S_Head>

<S_Body>

<S_Row rowsep = "1">

<S_Cell colname = "1"><S_CellBody>true</S_CellBody></S_Cell>

<S_Cell colname = "2"><S_CellBody>1</S_CellBody></S_Cell>

<S_Cell colname = "3"><S_CellBody></S_CellBody></S_Cell>

</S_Row>

<S_Row rowsep = "0">

<S_Cell colname = "1"><S_CellBody>module</S_CellBody></S_Cell>

<S_Cell colname = "2"><S_CellBody>1</S_CellBody></S_Cell>

<S_Cell colname = "3"><S_CellBody></S_CellBody></S_Cell>

</S_Row>

</S_Body>

</S_Table></Table></Chapter></Document>
```

6.3.2. DITA-Tabelle:

```
<conbody>

<table id="N0046FA68.004A6864"><title>General</title><tgroup
cols="3" align="left">

<colspec colnum="1" colname="col1" colwidth="1.037*"
align="left"/><colspec colnum="2" colname="col2" colwidth="1.155*"
align="left"/>

<colspec colnum="3" colname="col3" colwidth="*" align="left"/>

<thead>

<row valign="middle">

<entry colname="col1">Name</entry>

<entry colname="col2">Value</entry>

<entry colname="col3">Comment</entry>

</row>

</thead>

<tbody><row valign="middle">

<entry colname="col1">true</entry>

<entry colname="col2">1</entry>

<entry colname="col3"/>

</row><row valign="middle">

<entry colname="col1">module</entry>

<entry colname="col2">1</entry>

<entry colname="col3"/>

</row>

</tbody>

</tgroup></table></conbody>
```

Neben der nötigen Tabellenform der Datenwerte auf Basis der FrameMaker-DTD spricht ein weiterer Grund für die Verwendung von Tabellen anstatt einer Baumstruktur aus DITA-Elementen:

Eine Tabelle ist zwar komplexer als andere Möglichkeiten, doch ist die formatierte Ansicht einer Tabelle sehr übersichtlich und lässt sich gut bearbeiten. Hierzu ist auch keine spezielle Formatierungsanpassung für XMetal Author nötig.

Folgende Abbildung zeigt, wie die DITA-Tabellenstruktur in der Bearbeitungsansicht des Editors XMetal Author angezeigt wird:

TABLE 1
General

Name	Value	Comment
true	1	
module	1	
component		
single-die		
dual-die		
admin		
comment		
confidential		
external		
internal		
WO_Shrink	1	

Abbildung 19: Ansicht einer DITA-Tabelle in XMetal Author

Zusammenfassend werden die Datensätze also aus folgenden Gründen in einer DITA-Tabelle strukturiert:

- Die meisten verwendeten Datensätze aus FrameMaker liegen bereits als Tabelle vor.
- Die Datensätze müssen zur Verarbeitung aus DITA in eine FrameMaker Datei mit Tabellenform umgewandelt werden. Hierzu wird das „FM2DITA"-Skript verwendet.
- In der bereits vorhandenen CSS-formatierten Ansicht ist eine Tabelle sehr übersichtlich und lässt sich leicht bearbeiten.

6.4. Benötigte Gliederung der Tabellenstrukturen

Die Zusammenstellung aller benötigten Daten für die Produktion eines Datenblatts zeigt, dass mehr als 20 Tabellen benötigt werden, um alle benötigte Daten anzugeben.

Diese Tabellen mit Daten lassen sich außerdem in Gruppen unterteilen, die sich grundlegend unterscheiden. Diese sind:

- Variablen
- Liste der für das Dokument gültigen Produktnamen

- Werte für konditionalen Text

Diese verschiedenen Gruppen wurden deshalb in der Arbeitsweise mit FrameMaker auch in verschiedenen Dateien abgelegt (vgl. 2.4 „Vorliegende Datensätze für die Dokumentproduktion").

In Absprache mit dem zuständigen Mitarbeiter für die XSLT-Programmierung ist es deshalb wichtig, die Daten über die Strukturierung mit Tabellen zusätzlich für die XSLT-Verarbeitung auszuzeichnen.

Die Tabellen wurden deshalb je nach Gruppe bzw. Zweck in DITA-Sektionen, mithilfe des <Section>-Elements zusammengefasst.

Diese Sektionen und alle enthaltenen Tabellen wurden zur Unterstützung der XSLT-Verarbeitung mit speziellen Attributen gekennzeichnet. Um eine unnötige Spezialisierung zu vermeiden, wurde das „Otherprops"-Attribut verwendet, welches standardmäßig in der DITA 1.1 DTD zur Verfügung steht. Folgende Attribute wurden zu diesem Zweck unterschieden:

- Attribute zur Kennzeichnung von Gruppen der Datensätze.
- Attribute zur Kennzeichnung von Tabellen.

6.4.1. Attribute für Gruppen von Datensätzen

Es wurden folgende grundlegende Gruppen von Datensätzen in DITA-Sektionen unterteilt und mit den entsprechenden Attributen gekennzeichnet:

Datengruppe	<section> Otherprops-Attribut
Variablen	„section_varaibles"
Produktnamen	„section_products"
Text-Konditionen	„section_conditions"

Tabelle 10: Otherprops-Attribute für Daten-Sektionen

6.4.2. Attribute für Datentabellen

Die eigentlichen Datentabellen wurden ebenfalls durch das <table>-Element mit speziellen Attributen gekennzeichnet:

Daten-Tabelle	\<table> Otherprops-Attribut	Datengruppe
Standard Template Variables	template_variables	Variablen
Document Properties	document_properties	Variablen
Document Specific Variables	document_variables	Variablen
XSLT Specific Variables	XSLT_variables	Variablen
Produkt 1	product_1	Produktnamen
Produkt 2	product_2	Produktnamen
Produkt 3	product_3	Produktnamen
Tabellen mit Konditionen	Keine speziellen Attribute	Text-Konditionen

Tabelle 11: Otherprops-Attribute für Datentabellen

Zusammenfassend wurde also alle benötigten Daten für ein Daten-Topic in DITA-Tabellen abgelegt. Diese Tabellen sind, durch Attribute in Gruppen aufgeteilt. Jede Tabelle enthält ein eigenes Attribut, welches einer bestimmten ID entspricht.

Das eigentliche Daten-Topic muss im Merged-File ebenfalls wiedererkannt werden.

Das Root-Element \<q-reference> ist deshalb zusätzlich mit dem Otherprops-Attribut „data-topic" belegt.

6.4.3. Überlegungen zur Verwendung des Otherprops-Attributs

Das Otherprops-Attribut ist nach DITA-Standard eigentlich als Kondition für die Produktion mit Ditaval gedacht.

Um eine unnötige Spezialisierung zu vermeiden, wurde das Attribut für die Daten-Topics zweckentfremdet.

Die beispielhafte Umsetzung zeigt, dass dies gut möglich ist und keine Probleme bereitet.

6.5. Übersicht: Verwendete Datensätze

7. Eine komplettes Daten-Topic in der Voransicht, mit allen benötigten Werten für ein „Unbuffered DDR2-DRAM" Datenblatt, ist im o „Anhang

Anhang 1: Beispiel eines Daten-Topics" dieser Arbeit beigelegt.

7. Notwendigkeit einer DITA-Spezialisierung

Im Rahmen der Planung für die Studie wurde davon ausgegangen, dass eine DITA-Spezialisierung für die Daten-Topics oder für eine spezielle DITA-Map nötig ist.

7.1. Gründe gegen eine Spezialisierung

Die praktische Umsetzung hat allerdings gezeigt, dass dies aus folgenden Gründen nicht nötig ist:

Vermutete Notwendigkeit	Lösung
Struktur der Daten-Topics	Einfache DITA-Tabelle
Attribute für Daten-Topics	„Otherprops"-Attribut
Metadaten für Daten-Topics	Bereits implementierte Spezialisierung
Spezielle Map-Attribute /Elemente	Einfaches Verwenden als Topic – Attributierung innerhalb des Topics und nicht auf Map-Ebene.

Tabelle 12: Fehlende Gründe für eine DITA-Spezialisierung
Vgl. auch Oasis (2007).

8. Migration in das CMS „TOM"

In den vorherigen Kapiteln wurde beschrieben, wie Variantensammlungen und die dazugehörigen Daten in DITA-Topic umgesetzt wurden.

Diese Topics wurden in dem von der Qimonda AG selbstständig entwickelten CMS „TOM" gespeichert.

Diese Umsetzung ging vom Arbeitsaufwand über das reine Speichern der Topics in der CMS-Datenbank hinaus. Dies lag vor allem auch daran, dass sich das CMS „TOM" zu dieser Zeit noch in der Entwicklungsphase befand und die Studie somit zur Definition von Funktionen und deren Test beigetragen hat.

In den folgenden Kapitlen wird die Umsetzung und Weiterverarbeitung der Topics im CMS genauer beschrieben.

8.1. Übersicht: Share-Point-basiertes CMS "TOM"

Dieses Kapitel bietet eine knappe Übersicht als Screenshots zur Funktion des CM-Systems "TOM".

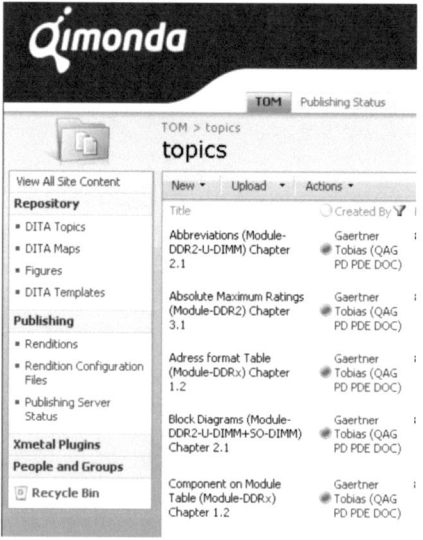

Abbildung 20: Hauptnavigation "TOM"

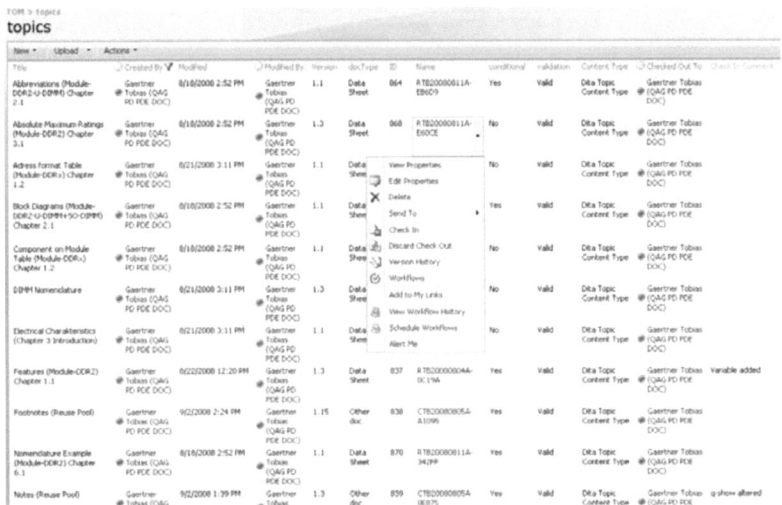

Abbildung 21: Tabellenansicht der Topics "TOM" (Topic-Repository)

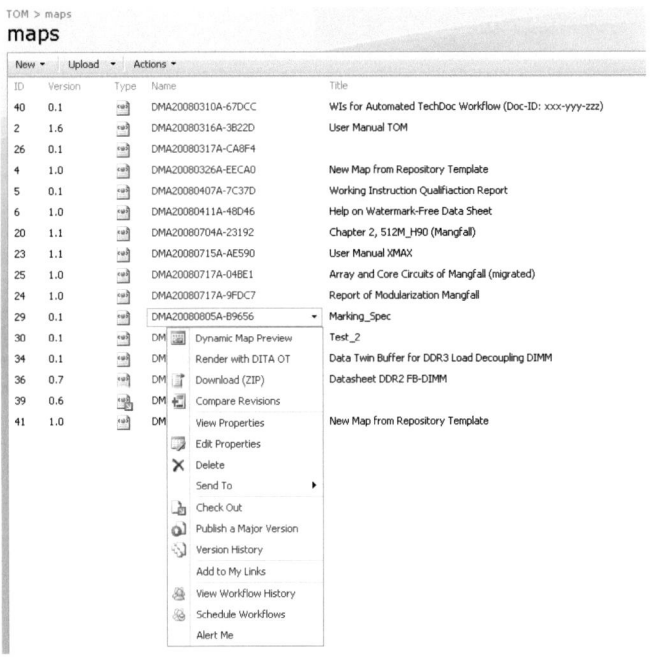

Abbildung 22: Map-Ansicht "TOM" (Map-Repostory)

renditions

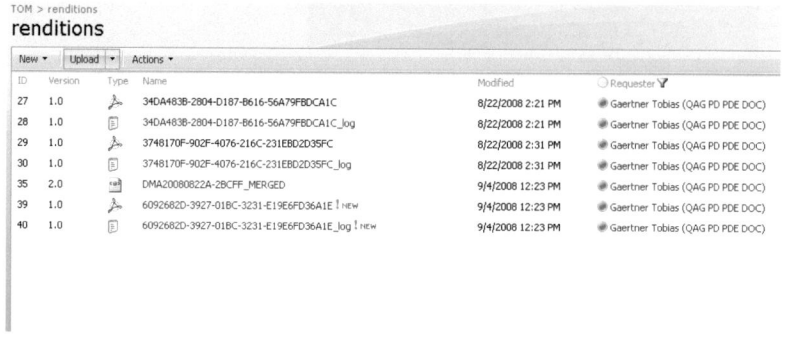

Abbildung 23: Publikations-Ansicht "TOM" (Rendition-Repository)

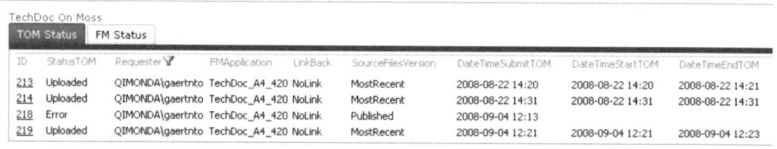

Abbildung 24: Publikations-Status "TOM"

8.2. Topic-Migration

Im Rahmen der dieser Arbeit vorangegangenen Diplomarbeit [vgl. Gärtner (2008)] wurden bereits ein Großteil der verwendeten Topics produziert. Wie bereits im Kapitel erwähnt, wurde die Topic-Struktur allerdings noch weiterentwickelt.

Dies hatte zur Folge, dass die bestehenden Topics überarbeitet werden mussten, um das in der Strategie geplanten Vorgehen umzusetzen.

Außerdem sind eine Vielzahl von neuen Topics, beispielsweise für die Fully-Buffered DIMMs hinzugekommen.

8.2.1. Nötige Überarbeitung von Topics

Die nötige Überarbeitung der Topics war eine große Problematik, da eine Vielzahl von Inhalten geändert werden mussten. Dies betraf vor allem:

Nötige Änderungen	Begründung
Referenzierungen von: – Abbildungen – Conrefs – Crossrefs	Die Referenzierungen durften nicht mehr in ein lokales Verzeichnis verweisen. Alle Referenzierungen mussten so modifiziert werden, dass sie auf die entsprechende Ressource innerhalb des CMS "TOM" verweisen.
Struktur von Variablen	Um sich der FrameMaker DTD anzunähern, wurden alle Variablen-Namen nicht im Element genannt, sondern wurden in das Attribut "q-name" übertragen.
Änderungen der Attribute für konditionale Elemente.	Erste Versuche mit den bereits vorhandenen XSLT-Skripten haben gezeigt, dass hier einige Änderungen vorgenommen werden mussten. Beispielsweise musste ein boolescher Ausdruck klein anstatt groß geschrieben werden.
Metadaten	Der erste Entwurf des Prologs für Metadaten wurde nochmals verbessert. Hier waren einige Änderungen der Struktur und Inhalte nötig.

Tabelle 13: Nötige Änderung der bisherigen Topics

8.2.2. Praktische Lösung der Überarbeitungs-Problematik

Im Rahmen der Studie wurde zunächst versucht, jedes zu ändernde Topic zu öffnen und die Änderungen von Hand vorzunehmen.

Es wurde schnell klar, das dies einen sehr großen Aufwand bedeutet.

Erschwerend kam hinzu, dass das CMS sowie der Editor wegen der Entwicklungsphase teilweise noch nicht sehr benutzerfreundlich waren.

Die Einzige effektive Möglichkeit war die Bearbeitung der Topics außerhalb des CMS mit einem besser für diese Aufgabe geeigneten Editor.

Hierzu wurden alle Topics aus dem CMS heruntergeladen und mit dem Editor „Ultra Edit" nachbearbeitet.

„Ultra Edit" bietet eine komfortable Möglichkeit, Textstellen in einer großen Anzahl von Dateien aufzufinden und zu bearbeiten. Intelligente Funktionen zum Suchen und Ersetzen mit Hilfe von regulären Ausdrücken erlauben eine effektive Nachbearbeitung.

Folgende Abbildung zeigt beispielsweise, wie der boolesche Ausdruck „not" durch einen Vorgang in allen vorhandenen Topics geändert wurde:

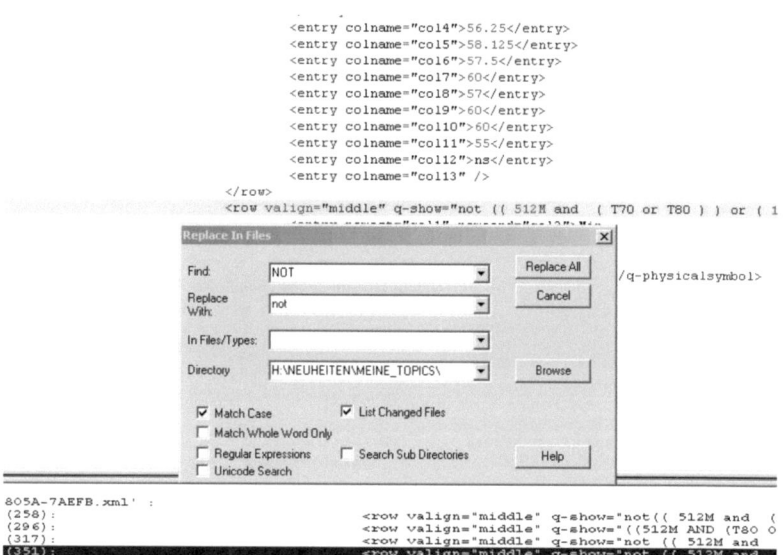

Abbildung 25: Überarbeitung logische Operatoren im Editor „Ultra Edit"

Auf diese Weise wurden alle in der oberen Tabelle nötigen Änderungen vorgenommen.

Trotz der geeigneten Werkzeuge war der gesamte Vorgang zeitaufwendig.

Nachdem alle Änderungen vorgenommen wurden, konnten die veralteten Topics im CMS überschrieben werden, da dies über die unveränderten Dateinamen (ID) möglich war.

8.3. Migration von Datensätzen ins CMS „TOM"

Die beiden komplett erstellten Daten-Topics wurden bisher nur lokal erstellt. Der nächste Schritt ist die Migration in das CMS „TOM".

Die konzeptionellen Vorgedanken sehen vor, dass diese Topics im CMS als DITA-Topics erstellt, bearbeitet und für die Dokumentproduktion mit DITA-Maps verwendet werden (vgl. Kapitel 4 „Geplante Umsetzungs-Strategie mit DITA").

Da für die bisherige Struktur der Daten-Topics einfache Tabellenstrukturen und das „Otherprops"-Attribut verwendet wurden, konnten diese Topics direkt als valide Reference-Topics in das System migriert werden. Die Validitätsprüfung durch das System, das Bearbeiten im Editor XMetal Author, sowie die Verwendung in Maps bereiteten keine weiteren Probleme.

8.3.1. Besondere Kennzeichnung im CMS

Daten-Topics werden laut Konzept nur für die Dokumentproduktion benötigt und sollen auf keinen Fall unverarbeitet in einem Dokument ausgegeben werden.

Obwohl Daten-Topics strukturbedingt Reference-Topics sind, müssen diese jedoch für die XSLT-Verarbeitung sowie die Verwaltung besonders gekennzeichnet werden.

Um dies zu gewährleisten, haben Daten-Topics folgende weitere Besonderheiten, die diese von anderen Topics abheben:

- Globale Attribute für das gesamte Topic (<q-reference otherprops="data-topic">).
- Spezielle Metadaten für das Topic-Retrieveal.

8.3.2. Globale Attribute für die Verarbeitung mit XSL-T und die Ausgabe

Da ein Daten-Topic auf keinen Fall in einem Dokument unverarbeitet sichtbar sein soll, ist das Root-Element <q-reference> zunächst mit dem Attributwert q-show="admin" gekennzeichnet. Diese Attributierung verhindert, dass ein solches Topic bei der Dokumentproduktion ausgegeben werden kann.

Zur Verarbeitung mit XSL-T wurde zusätzlich das Attribut „Otherprops" mit dem Wert „data-topic" belegt.

8.3.3. Metadaten für das Daten-Topic Retrieval

Neben den Attributen, welche die Ausgabe und Verarbeitung von Daten-Topics sicherstellen, müssen diese auch im CMS besonders gekennzeichnet werden.

Das in der vorangehenden Diplomarbeit erarbeitete Metadaten-Konzept erlaubt eine genaue Klassifizierung durch das Metadatum

<q-doctype>Document Metadata Definition</q-doctype> [vgl. Diplomarbeit: Gärtner (2008)].

Folgende Abbildung zeigt, wie Daten-Topics im CMS „TOM" zum Zeitpunkt der Abgabe dieser Studie dargestellt werden:

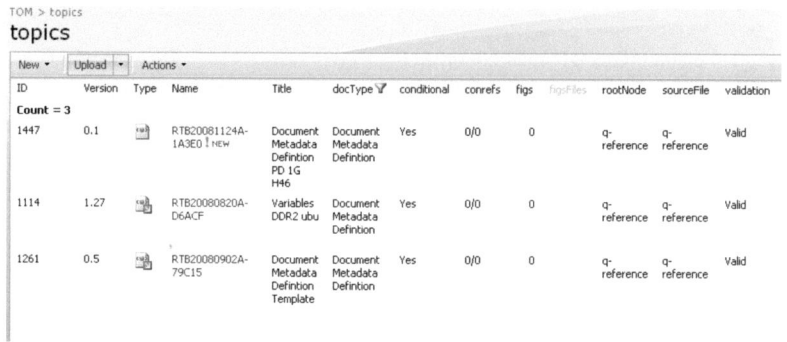

Abbildung 26: Daten-Topics im CMS „TOM"

Im Rahmen dieser Studie wurden Daten-Topics für zwei komplette Datenblätter im CMS verwendet.

Das Konzept der Daten-Topics wurde außerdem für eine Produktbeschreibung und für einige „Working Instructions" erfolgreich angewendet.

9. Aggregation im CMS „TOM"

Standardmäßig können in DITA Topics mit Maps zusammengefasst werden.
Dies Map-Strategie wurde auch in der praktischen Umsetzung genutzt.

Das CMS „TOM" bietet einen eigenen Bereich zum Verwalten von Maps (Map-Repository). Folgende Abbildung zeigt diesen Bereich in dem Maps in einer Datenbank abgelegt sind:

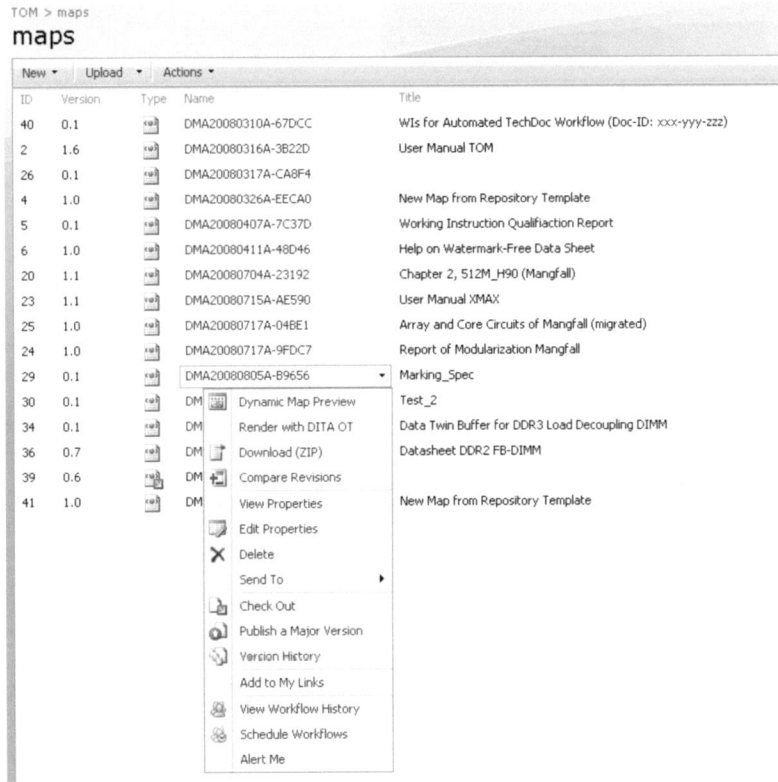

Abbildung 27: Map-Repository im CMS "TOM"

Das Map-Repository bietet durch das abgebildete Menü eine Vielzahl von Funktionen. Für die Projektumsetzung wurde vor allem die Möglichkeit der Publikation einer Map (Render with DITA OT) und die Vorschau einer Map (Map Preview) genutzt.

Das Zusammenstellen von Maps ist innerhalb des CMS „TOM" nicht möglich. Für das Zusammenstellen und Editieren von Maps wurde der Editor XMetal genutzt.

An dieser Stelle ist anzumerken, dass die meisten kommerziellen CM-Systeme zu Recht eine Trennung von Editieren und Zusammenstellen verfolgen. Die Arbeit an Maps im Editor XMetal funktionierte ohne Probleme und war komfortabel.

Folgende Abbildung zeigt den Map Editor von XMetal:

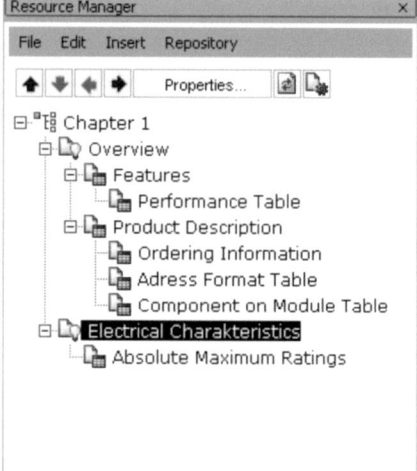

Abbildung 28: Map Editor in XMetal

Das Einfügen von Topics und die Anordnungen in der Baumhirachie waren einfach umzusetzen.

Wahlweise kann zwischen der XML-Ansicht einer Map und dem Map Editor umgeschaltet werden.

Eine Besonderheit ist das Speichern der eigentlichen Map und das einfügen von Topics:

Beides geschieht in direkter Anbindung zur Datenbank im CMS „TOM".

Für die praktische Umsetzung wurden zwei Maps für verschiedene Produktfamilien zusammengestellt. Diese sind:

- Unbuffered DDR2 DIMM.
- Fully-Buffered DDRX DIMM.

An dieser Stelle muss angemerkt werden, dass die Ordnerstruktur bewusst Dopplungen auf der CD aufweist. Dies ist nötig um die Referenz-Ziele, die normalerweise im CMS gelten, zu imitieren.

9.1. Zuordnung von Datensätzen zu DITA-Maps

Wie bereits in der Umsetzungsstrategie definiert, genügt es nicht aus den Topic einer Map zusammenzustellen, um ein fertiges Dokument zu erzeugen. Der Kern der Strategie sieht vor, dass ein Daten-Topic hinzugefügt wird, um alle Varianten gesteuert aufzulösen.

Erst dann ist das Dokument für ein spezielles Produkt gültig.

9.1.1. Map-Referenzen

Die Umsetzungs-Strategie sieht vor, dass zunächst Kapitel in Maps zusammengestellt werden.

Diese Kapitel werden dann durch das Topicref-Attribut „ditamap" in einer FDS-Map (gesamtes Dokument) zusammengefasst. Um ein explizites Dokument zu erzeugen, wird laut Umsetzungs-Strategie dann der jeweilige Datensatz für das benötigte Dokument zugeordnet (Final-Map).

Bis kurz vor Abgabe dieser Studie war es nicht möglich solche Dateien mit dem CMS „TOM" in einem Merged-File zu aggregieren. Aus diesem Grund wurden aus zeitlichen Gründen die Final-Maps aus einer Referenz der FDS-Map und einem Topicref des Daten-Topics zusammengestellt.

Folgender Quellcode zeigt, wie eine solche Final-Map aufgebaut ist:

```xml
<?xml version="1.0"?>

<!DOCTYPE map PUBLIC "-//OASIS//DTD DITA Map//EN" "map.dtd"[]>

<!-- Created with XMetaL (http://www.xmetal.com) -->

<map id="DMA20080922A-81C57" rev="1.5">

<title>ref FDS FB-DIMM + Data</title>

<topicref format="ditamap" href="../maps/DMA20080813A-3BF7A.xml" navtitle="FDS FB-
DIMM" scope="local"></topicref>

<topicref format="dita" href="../topics/RTB20081021A-76FEF.xml" navtitle="Variables DDR2
FB-DIMM" scope="local" />

</map>
```

Im Map Editor von XMetal sieht eine solche Referenzierung wie folgt aus:

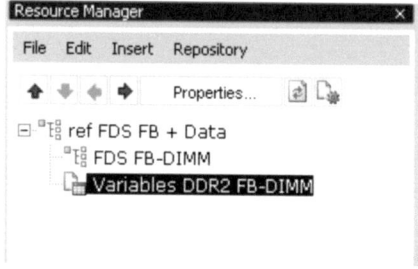

Abbildung 29: Map-Referenz innerhalb von XMetal

Nach der Bearbeitung und Zusammenstellung von Maps werden diese direkt im CMS „TOM" gespeichert und können mithilfe des DITA Open Toolkits ausgegeben werden.

9.2. Merged File mit DITA OT erzeugen

Das CMS „TOM" bietet die Funktion, mithilfe des DITA Open Toolkits eine Maps als sogenanntes Merged-File auszugeben. Dazu wird die Option „Render with DITA OT" aufgerufen.

Diese Option erzeugt zum Zeitpunkt der Abgabe dieser Studie:

1. Eine Log-Datei.

2. Ein PDF der Datei, das mit dem FrameMaker Server publiziert wurde. In diesem PDF sind keinerlei Varianten aufgelöst.

3. Ein Merged-File, in dem alle Topics samt Class-Informationen aggregiert sind.

Alle Dateien werden innerhalb des CMS „TOM" im Rendition-Repository gespeichert. Folgende Abbildung zeigt einen Ausschnitt des Repositorys:

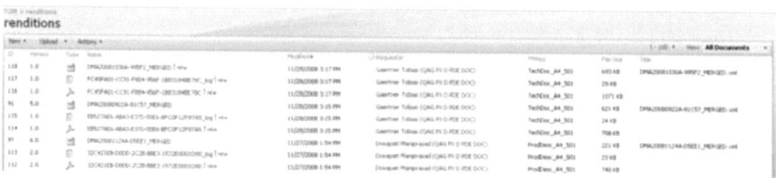

Abbildung 30: CMS „TOM": Rendition-Repository

Zum Zeitpunkt der Abgabe dieser Diplomarbeit ist das XSLT-Skript, welches die Variationen auflöst, noch nicht im CMS implementiert.

Aus diesem Grund wird das Merged-File verwendet, um diesen Vorgang manuell auszuführen.

Das folgende Kapitel beschreibt diesen Vorgang genauer.

10. XSL-T Anwendung

Im folgenden Kapitel wird knapp dargestellt, welche Verarbeitungsschritte das XSLT-Skript ausführt und wie diese Verarbeitung reproduziert werden kann.

10.1. Übersicht

Das mit dem DITA Open Toolkit produzierte Merged-File durchläuft lt. Angaben des zuständigen Mitarbeiters folgende Verarbeitungsschritte:

Merged File in FrameMaker Ressourcen übertragen (DITA2FM-Skript)

Das gesamte Merged-File wird mithilfe der im Rahmen der Studie definierten Struktur, in die bisher üblichen Ressourcen zur FrameMaker Automatisierung übertragen. Um dies umzusetzen, werden zahlreiche temporäre Dateien erzeugt, die zur Weiterverarbeitung verwendet werden.

* Suchen und Umwandeln und speichern von Datensätzen.
* Umwandeln von DITA-DTD zu Qimonda FrameMaker-DTD, DITA-Datensätze löschen.
* Setzen von Entities für Variablen (Entity_Generation-Skript).

Weiterverarbeitung auf Basis von der FrameMaker-Arbeitsweise

* (Product_Info_Gen-Skript):
  Variablen erzeugen.
  Quelle: Temp-Datensätze und Export der Produktdatenbank.
* Konditionale- und Tabellenspalten-Filter anwenden.
* Validitätsprüfung. Error-Datei erzeugen.
* FrameMaker-Indizes erzeugen (Verzeichnisse).

Die in diesem Kapitel skizzierte Anwendung von XSL-T ist ohne die vorher definierte Struktur und der Quell- und Daten-Topics nicht möglich.

Insbesondere die Auszeichnung der Daten-Topics durch die „Otherprops"-Attribute sind eine wichtige Voraussetzung (vgl. Kapitel 6.4 "Benötigte Gliederung der Tabellenstrukturen").

11. Fazit

Im folgenden Kapitel werde der Projektverlauf und aufgetretene Schwierigkeiten genauer beschrieben.

Die Analyse der bisherigen Arbeitsweise mit FrameMaker und das Beschäftigen mit dem verwendeten XML-Code haben einen tiefen Einblick in die Möglichkeiten von FrameMaker gegeben.

Die geplante Umsetzung einer solchen Funktionalität mit DITA reflektiert die Möglichkeiten der DITA-DTD und der Verarbeitung mit XSLT und bringt Beides im Kontext eines CMS vorzüglich zusammen. Hierbei wurde auf besonders auf Einfachheit und hohe Funktionalität geachtet.

Schwieriger war die Umsetzung im CMS, da sich dieses noch in der Entwicklungsphase befindet und auch die DITA-DTD seit der Diplomarbeit geändert wurde.

Hier waren viele Änderungen an den bereits erstellen Topics nötig sowie eine Vielzahl von Funktionen im CMS zu implementieren.

Die Arbeit an dem Projekt hat insgesamt einen sehr guten Einblick in die Umsetzung der Methode „Variantensammlung" in einem CMS und mit XML bzw. DITA gewährt.

Ich danke nochmals allen Mitarbeitern, die mich im Teamwork bei dem Projekt unterstützt haben.

Anhang

Anhang 1: Beispiel eines Daten-Topics

Variables

TABLE 4

Standard Template Variables

Variable Name	Variable Definition	Comment
Dev_NameLong1	240-Pin Unbuffered DDR2 SDRAM Modules	
Dev_NameLong2		
Dev_NameLong3		
Dev_NameLong4		
Dev_NameShort1	UDIMM	
Dev_NameShort2	DDR2 SDRAM	
Dev_NameShort3	RoHS Compliant	
Dev_NameShort4		
Dev_Package1	PG-TFBGA-60	
Dev_Package2		
Dev_Package3		
Dev_Package4		
Dev_Version1		
Dev_Version2		
Dev_Version3		
Dev_Version4		
Dev_Version1_old		
Dev_Version2_old		
Dev_Version3_old		
Dev_Version4_old		
Device1	HYS64T128000EU-[19F/1.9/25F/2.5/3S]-C2	
Device2	HYS72T128000EU-[25F/2.5/3S]-C2	
Device3	HYS64T256020EU-[19F/1.9/25F/2.5/3S]-C2	
Device4	HYS72T256020EU-[25F/2.5/3S]-C2	
Doc_Author	Sudhakar	
Doc_Confidential Status	Qimonda Proprietary	
Doc_Distribution		
Doc_Filename	DS_1G_T70N_ubu	
Doc_IssueDate	2008-06	
Doc_Number	10022007-IU6Q-RKUA	
Doc_Number_IDS		
Doc_Number_CL		
Doc_State	Rev. 1.00	
Doc_Preliminary		
Doc_Subtype		

Abbildung 31: Beispiel Daten-Topic 1

59

Variable Name	Variable Definition	Comment
Doc_SubtypeSeperator		
Doc_TopRight1	HYS[64/72]T[128/256]0x0EU-[19F/1.9/2 5F/2.5/3S]-C2	
Doc_TopRight2	Unbuffered DDR2 SDRAM Modules	
Doc_Type	Data Sheet	
Title_IssueDate	June 2008	
Title_SubTitle1	240-Pin Unbuffered DDR2 SDRAM Modules	
Title_SubTitle2	UDIMM SDRAM	
Title_SubTitle3	EU RoHS Compliant	
Title_SubTitle4		

TABLE 5
Document Specific Variables

Variable Name	Variable Definition	Comment
_Bit_Count	1,073,741,824	

TABLE 6
XSLT Specific Variables

Variable Name	Variable Definition	Comment
_SPD_Chapter	_SPD_Chapter	
_Ord_Info_Table	_Ord_Info_Table	
_Mod_Comp_Map_Table	_Mod_Comp_Map_Table	
_Mod_Speed_Grade	_Mod_Speed_Grade	
_Mod_Organisation	_Mod_Organisation	
_Mod_Density	_Mod_Density	
_Chip_Organisation	_Chip_Organisation	
_Chipsize_Package	_Chipsize_Package	
_Raw_Card	_Raw_Card	
_ECC_NonECC	_ECC_NonECC	

Product Names

TABLE 7
HYS64T128000EU-[19F/1.9/25F/2.5/3/3S]-C2

Product Type
HYS64T128000EU-19F-C2
HYS64T128000EU-1.9-C2

Abbildung 32: Beispiel Daten-Topic 2

Product Type
HYS64T128000EU-25F-C2
HYS64T128000EU-2.5-C2
HYS64T128000EU-3-C2
HYS64T128000EU-3S-C2

TABLE 8
HYS72T128000EU-[1.9/25F/2.5/3/3S]-C2

Product Type
HYS72T128000EU-25F-C2
HYS72T128000EU-2.5-C2
HYS72T128000EU-3-C2
HYS72T128000EU-3S-C2

TABLE 9
HYS64T256020EU-[19F/1.9/25F/2.5/3/3S]-C2

Product Type
HYS64T256020EU-19F-C2
HYS64T256020EU-1.9-C2
HYS64T256020EU-25F-C2
HYS64T256020EU-2.5-C2
HYS64T256020EU-3-C2
HYS64T256020EU-3S-C2

TABLE 10
HYS72T256020EU-[1.9/25F/2.5/3/3S]-C2

Product Type
HYS72T256020EU-25F-C2
HYS72T256020EU-2.5-C2
HYS72T256020EU-3-C2
HYS72T256020EU-3S-C2

Conditions

TABLE 11
General

Name	Value	Comment
true	1	
module	1	

Abbildung 33: Beispiel Daten-Topic 3

61

Name	Value	Comment
component		
TS		
WOS		
Tall		
VLP		
single-die	1	
dual-die		
admin		
comment		
confidential		
external		
internal		

TABLE 12
Types

Name	Value	Comment
DDR2	1	

TABLE 13
Generations

Name	Value	Comment
4G		
2G		
1G	1	
512M		
256M		
128M		

TABLE 14
DDR2-Technology

Name	Value	Comment
T58		
T70		
T70N	1	
T80		
T90		
T11		

Abbildung 34: Beispiel Daten-Topic 4

TABLE 15
Buffer

Name	Value	Comment
reg		
ubu	1	
fbd		

TABLE 16
DIMMS

Name	Value	Comment
UDIMM	1	
EDIMM	1	
MDIMM		
SO-DIMM		
RDIMM		
PDIMM		
NDIMM		
FB-DIMM		

TABLE 17
DDR2-Speeds

Name	Value	Comment
19F	1	
1.9	1	
25F	1	
2.5	1	
3	1	
3S	1	
37F		
3.7		
5		
5S		

TABLE 18
DDR2 JEDEC Speeds

Name	Value	Comment
DDR2-1066	1	
DDR2-800	1	

Abbildung 35: Beispiel Daten-Topic 5

Name	Value	Comment
DDR2-667	1	
DDR2-533		
DDR2-400		

TABLE 19
Component-Organizations

Name	Value	Comment
x16		
x8	1	
x4		

TABLE 20
Module-Organizations

Name	Value	Comment
x72	1	
x64	1	

TABLE 21
Package balls

Name	Value	Comment
60balls	1	
68balls		
71balls		
84balls		
92balls		

TABLE 22
Memory Ranks

Name	Value	Comment
1R	1	
2R	1	
4R		

Abbildung 36: Beispiel Daten-Topic 6

TABLE 23
PCBS

Name	Value	Comment
240-001		
240-002		
240-003		
240-006	1	
240-007	1	
240-008	1	
240-009	1	
240-107		
240-109		
240-011		
240-012		
240-013		
240-113		
240-015		
240-020		
240-040		
240-041		
240-042		
240-044		
240-045		
240-046		
240-048		
240-049		
240-051		
240-052		
240-053		
240-054		
240-070		
214-001		
214-002		
200-030		
200-031		
200-033		
200-034		
200-036		
200-037		

Abbildung 37: Beispiel Daten-Topic 7

Anhang 2: Kapitel Features mit nicht aufgelösten Varianten

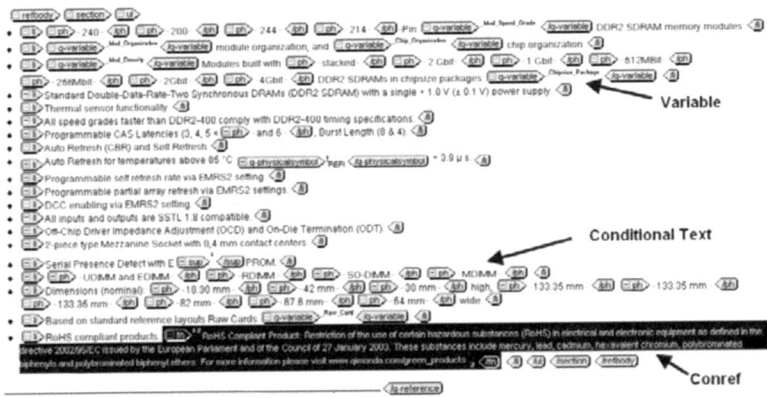

Abbildung 38: Kapitel Features (unaufgelöst)

Anhang 3: Kapitel Features mit aufgelösten Varianten

1.1 Features

[Placeholder Shortdescription]

- 240-Pin PC2-8500, PC2-6400 and PC2-5300 DDR2 SDRAM memory modules
- 128M × 64, 128M × 72, 256M × 64, 256M × 72 module organization, and 128M × 8 chip organization
- 2GB, 1GB Modules built with 1 Gbit DDR2 SDRAMs in chipsize packages PG-TFBGA-60
- Standard Double-Data-Rate-Two Synchronous DRAMs (DDR2 SDRAM) with a single × 1.8 V (± 0.1 V) power supply
- Thermal sensor functionality
- All speed grades faster than DDR2-400 comply with DDR2-400 timing specifications
- Programmable CAS Latencies (3, 4, 5 <<and 6, Burst Length (8 && 4)
- Auto Refresh (CBR) and Self Refresh
- Auto Refresh for temperatures above 85 °C t_{REFi} = 3.9 μs

- Programmable self refresh rate via EMRS2 setting
- Programmable partial array refresh via EMRS2 settings
- DCC enabling via EMRS2 setting
- All inputs and outputs are SSTL 1.8 compatible
- Off-Chip Driver Impedance Adjustment (OCD) and On-Die Termination (ODT)
- 2-piece type Mezzanine Socket with 0.4 mm contact centers
- Serial Presence Detect with E²PROM
- UDIMM and EDIMM
- Dimensions (nominal): 30 mm high, 133.35 mm×133.35 mm wide
- Based on standard reference layouts Raw Cards 'D', 'E', 'F' and 'G'
- RoHS compliant products

Abbildung 39: Kapitel Features (aufgelöst)

Abbildungsverzeichnis

Tabellenverzeichnis

Literaturverzeichnis

BRUSKI, Kylene; LINTON, Jennifer; (2006): Introduction to DITA: A User Guide to the Darwin Information Typing Architecture. Comtech Services Inc. : Denver

COWAN, Charles (2008): XML in Technical Communication. Croydon (UK): Institute of Scientific and Technical Communicators.

DITA-USERS (2008): <http://tech.groups.yahoo.com/group/dita-users/> [Letzter Zugriff: 15.11.2008 – 14:37 MEZ]

DUDEN (1996): Das große Wörterbuch der deutschen Sprache in 10 Bänden. Auflage: 3, völlig neubearb. u. erw. A. Mannheim: Bibliographisches Institut & F. A. Brockhaus AG.

GÄRTNER, Tobias (2008): Diplomarbeit - DITA-basierte Content-Modularisierung für Produktinformationen der Qimonda AG. München: University of Applied Sciences, Karlsruhe.

INFINEON: InfineonTechnologies AG (2004): Semiconductors. Technical Information, Technologies and Characteristic Data. Erlangen: Publics Corporate Publishing.

LORING, Sheila; O'KEEFE, Sarah (2002): FrameMaker 7 – The Complete Reference. Berkeley: McGraw-Hill.

MICROSOFT (2008): Microsoft Encarta 2008 Enzyklopädie. München: Microsoft Corporation.

OASIS, DITA- Committee (2007): DITA Version 1.1. Architectural Specification. <http://docs.oasis-open.org/dita/v1.1/CS01/archspec/archspec.pd> [Stand 03/2008, Zugriff: 08.5.2008 12:51 MEZ]

RAY, Eric T. (2001): Learning XML. Sebastopol: O'Reilly.

TIDWELL, Dough (2001): XSLT – Mastering XML Transformations. Sebastopol: O'Reilley.